나는 적금보다
암호화폐 투자한다

돈을 불리는
최고의 투자법

나는
적금보다
암호화폐
투자한다

김산하 · 윤혁민 지음

한국경제신문

읽기 전에

* 이 책은 특정 자산에 대한 투자를 권유하기 위한 책이 아닙니다. 저희가 이 책을 쓴 이유는 암호화폐의 미래에 대해서 분석하고, 리스크를 짊어진 흔적들을 기록하기 위함이며, 암호화폐도 가치에 기반을 두고 투자할 수 있다는 것을 보여드리고 싶었기 때문입니다. 모든 투자와 마찬가지로, 암호화폐 역시 투자를 하는 데에는 위험이 따릅니다. 투자의 결과에 대한 책임은 투자자 본인에게 있습니다.

** 많은 사람이 '가상화폐'라는 단어에 익숙해져 있습니다. 언론 및 정부 기관에서 주로 사용해왔기 때문입니다. 하지만 엄밀히 말하자면 '암호화폐(cryptocurrency)'가 올바른 표현입니다. 이 책에서는 정확한 개념을 전달하기 위해서 '암호화폐'를 사용했습니다.

13년 전인 2005년에 일본 여행을 계획하다가 엔화가 싸다는 사실을 알게 됐다. 그래서 엔화를 모으기 시작했고, 그 일이 계기가 되어 투자자의 길로 들어섰다.

3년 뒤인 2008년, 서브프라임 모기지론 사태로 엔화가 폭등하자 그동안 모은 엔화를 정리한 뒤, 주식 투자라는 새로운 영역에 도전했다. 그리고 9년 뒤인 2017년, 주식 투자 경험이 쌓여 어느 정도 투자 방식에 확신이 생기자 암호화폐라는 새로운 영역에 나만의 방식대로 또다시 도전했다.

이 책은 암호화폐라는 영역에 대한 나와 혁민이의 도전 기록이다. 사실 나의 도전기를 이렇게 남들 앞에 낱낱이 공개하는 것은 굉장히 쑥스럽기도 하고 어색하기도 하다. 하지만 그럼에도 이렇게 책을 쓴 이유는 한두 명이라도 좋으니 더 많은 사람에게 내 생각을 전달하고 싶다는 욕구가 강렬했기 때문이다.

바야흐로 2018년이 시작되었고 우리나라는 본격적으로 암호화폐 시대의 초입기를 맞이했지만, 암호화폐의 가치에 대해 제대로 논하는 사람을 찾기는 쉽지 않다. 암호화폐에 투자하는 사람들조차도 가치를 제대로 이해하지 못하고 무분별하게 뛰어들었다가 큰 손해를 입기 일쑤다. 그래서 암호화폐에 투자하지 않는 사람 중 일부는 암호화폐 투자자들을 '도박꾼' 등으로 멸시하기까지 한다.

나는 이런 현실 속에서 내가 바라보는 암호화폐의 가치와 미래에 대해 이야기함으로써, 암호화폐에 대한 그릇된 인식을 조금이라도 개선하고 싶었다.

누군가는 이 글을 보고 잘못되었다고 손가락질하거나 비웃을지도 모른다. 하지만 나는 손가락질이나 비웃음은 두렵지 않다. 내가 두려워하는 것은 오직 하나, '아무것도 하지 않는 것'이기 때문이다.

나는 도전을 좋아한다. 올해로 나는 13년 차 투자자가 되었다. 13년 동안 투자자로서 살아오면서 얻은 교훈은 아무리 손가락질받고 비웃음을 사거나 욕을 먹더라도 이 세상은 결국 리스크를 짊어진 자가 더 많은 것을 얻을 수 있도록 설계되어 있다는 것이다.

나는 리스크를 짊어진 자가 더 많은 것을 얻을 수 있다는 것을 생생히 보여주기 위해 이 책을 썼다. 앞으로도 도전을 계속할 것이며, 기록도 멈추지 않을 것이다.

김산하

나는 인복이 많은 사람이다. 나에게는 산하를 비롯해 재테크에 대해 조언을 아끼지 않는 친구들이 있고, 이분들 덕분에 투자에 대해 잘 배울 수 있었다. 그뿐 아니라 내가 하고자 하는 일을 묵묵히 응원하고 기도해주는 가족들이 있다. 이 기회를 빌려 가족과 친구들에게 진정한 감사를 표한다.

사실 나는 투자에 관한 책을 쓰기에는 한참 모자라는 사람이다. 투자 경력도 보잘것없고, 대단한 실적을 낸 것도 아니기 때문이다. 그럼에도 끝내 나선 것은 암호화폐 투자에 관해 정보를 제공하는 책이 필요하다고 생각했기 때문이다. 원고를 좋게 평가해주시고, 이렇게 좋은 기회를 주신 출판사 관계자분들께 감사할 따름이다.

책을 준비하면서 암호화폐 투자에 대한 당위성을 다시 한 번 생각해보게 되었다. 부동산 투자 열풍은 건축산업의 발전을 가져왔고, 주식 시장의 활성화는 사회의 기반이 되는 각종 기업의 성장에 중요한 역할을 했다. 마찬가지로 암호화폐 투자는 블록체인 기술을 통한 4차 산업혁명에 가장 큰 원동력이 될 것으로 믿는다. 경쟁력을 갖춘 암호화폐 프로젝트들이 눈에 띄게 성장하여 인류와 사회의 발전에 많은 공헌을 하게 되기를 꿈꾼다. 훗날 그렇게 되면, 나도 4차 산업의 발전에 조금이나마 기여했다고 자신 있게 이야기할 것이다.

《트렌드 코리아 2018》에서 선정한 올해의 키워드는 '왝더독(Wag the dog)'이다. 왝더독은 꼬리가 몸통을 흔드는 것을 말한다. 암호화폐 시장에서도 많은 사람에게 왝더독 현상이 나타나고 있다. 당장의 시세를 신경 쓰느라 삶이 흔들리는 안타까운 일들이 곳곳에서 벌어지고 있다. 그러나 암호화폐 투자는 당신의 행복한 삶을 위한 도구일 뿐이라고 생각한다. 당신에게 왝더독이 일어나지 않기를 희망한다.

암호화폐에 투자하고자 하는 당신은 이제 나와 같은 길을 걷게 되었다. 가치투자라는 원칙을 고수함으로써 암호화폐가 당신의 삶을 흔들지 못하게 하기를 바란다.

윤혁민

| 차례 |

1장

절대로 후회 없는
암호화폐 투자

투자자들의
로또인가, 도박인가

나는 가치투자자다. 2005년에 엔화를 구입하면서 처음 투자를 시작한 이후 늘 가치투자만 해왔고, 그 한 가지 원칙으로 13년 동안 살아남아서 이 자리까지 왔다. 그런데 최근 내가 암호화폐에 본격적으로 투자를 시작하자 좋지 않은 시선을 보내는 사람들이 나타났다. 마치 도박에 빠진 사람을 보듯 나를 바라보는 것이다.

사실 나는 암호화폐에 그렇게 관심이 있던 편은 아니었다. 불확실한 것을 극단적으로 싫어하기 때문이다. 다만 나의 직업상 계속해서 공부하고 도전해나가면서 새로운 투자 영역을 개척해야 하다 보니, 좋든 싫든 경험을 위해서는 이 시장에도 뛰어들어 봐야 했다. 나는 대부분의 가치투자자가 나를 곱지 않은 시선으로 바라보는 이유를 잘 알고 있고, 이해도 한다. '가치투자를 표방한다는 사람이 바이오 주식에 투자한 것도 모자라서 이제는 암호화폐에도 투자한다니!' 라는, 비난 반 우려 반의 시선이다.

대부분의 가치투자자가 암호화폐에 투자하는 사람들에게 그런 시선을 보낸다. 왜냐하면 암호화폐는 가치를 제대로 평가하기도 어렵고, 하루아침에 수십에서 수백 퍼센트씩 폭등하고 폭락하는 데다가, 단기 투자 성향이 극도로 강한 사람들이 몰리는 투자처라고 생각하기 때문이다. 그들의 관점에서 암호화폐는 그저 튤립 버블의 변종처럼 보일 뿐이고, 그래서 암호화폐 투자자들을 일확천금을 노리는 사람이나 도박 중독자로 싸잡아 비난한다.

하지만 내 생각은 다르다. 실제로 암호화폐를 적극적으로 공부하고 투자해본 결과 암호화폐는 혁신 그 자체이자 가장 진화된 화폐이며, 굉장히 높은 가치를 가지고 있다고 느꼈다. 하지만 아직도 많은 사람은 암호화폐를 전혀 가치가 없는 디지털 장난감 정도로 취급하고, 심지어는 조롱하고 멸시하기까지 한다. 비관론자들의 주장 중 대표적인 세 가지를 살펴보자.

가치가 있는가

—

첫째는 가치의 문제다. 암호화폐 비관론자들은 '암호화폐는 실제 가치가 전혀 없는 데이터 쪼가리이기 때문에 가치가 없다'고 주장한다. 하지만 이는 사실과 다르다. 무엇이 되었든 간에, 원래 본연의 가치라는 것은 존재하지 않는다. 다만, 사람들이 가치가 있다고 생각하면 그 자체로 가치가 생기는 것이다. 대표적인 예로 다이아몬드나 금이 가치가 있는 이유는 다이아몬드나 금 자체가 일정한 가치를 지니고 있기 때문이 아니라 사람들이 가치가 있다고 생각하기 때문이다.

예컨대 전쟁이 발발하여 며칠째 먹지도 마시지도 못하고 목숨만 부지하고 있다고 가정해보자. 모든 생산 시설이 쑥대밭이 된 상황이다. 당신이 우연히 생수 한 병을 줍게 되어 허겁지겁 마시려고 하는데, 누군가가 나타나 금 10돈을 주며 생수 한 병과 바꾸자고 했다. 당신은 이 상황에서 생수와 금을 바꾸겠는가? 아마 엄청나게 고민이 될 것이다. 평소에는 하찮게 여겼던 생수 한 병이지만, 이런 상황에서는 금 10돈보다 더 큰 가치를 지니기 때문이다. 당장 물을 마시지 못하면 죽을 수도 있는데, 그깟 금 10돈이 무슨 의미가 있으랴. 이처럼 재화의 가치는 사람들이 그것의 가치를 어떻게 부여하느냐에 따라서 실시간으로 계속 변동한다.

비트코인(Bitcoin, BTC)이나 알트코인(Altcoin, Alternative crypto-currencies; 비트코인을 제외한 모든 코인을 일컫는 말)을 비롯한 수많은 암호화폐도 마찬가지다. 사람들은 바보가 아니다. 모든 코인 투자자는 비트코인이 그저 무수한 '0'과 '1'로 구성된 데이터 조각이라는 것을 안다. 다만, 그럼에도 가치가 있다고 생각하는 것일 뿐이다.

다른 사람들이 왜 암호화폐에 가치가 있다고 생각하는지 이해되지 않는다면, 굳이 이해할 필요는 없다. 애초에 대부분의 사람은 왜 수많은 부자가 캔버스에 점 하나 찍어놓은 미술 작품을 수십억 원을 주고 사는지 이해하지 못한다. 하지만 지금 이 순간에도 수많은 사람이 미술 작품들에 가치를 부여하고 있고, 지금도 수많은 미술품이 높은 가격에 거래되고 있다. 그리고 그 작품들의 가치는 계속 올라가고 있다. 그들은 고가의 미술품을 사들이면서, '혹시 내가 산 가격보다 가격이 낮아지면 어떻게 하지?' 하고 불안해하지 않는다. 그런 미술품의 가치를 알아볼 수 있는 사람들은 지금의 가격도 저렴하다는 것을 알고 있기 때문이다.

누군가가 100만 원이 들어 있는 박스를 5만 원에 판다고 생각해보자. 당신이 만약 그 상자 안에 100만 원이 들어 있다는 사실을 안다면 어떻게 할 것인가? 당연히 아무런 걱정 없이 구입할 것이다. 박스의 본래 가치가 100만 원이 넘기 때문이다. 하지만 박스의 가치를 모르는 사람들은 구매하지 않으려 할 것이다. 설사 구매를 하게 되었다 해도 '내가 종이로 만든 박스 따위를 5만 원이나 주고 사버렸어! 어떻게 하지?'라며 후회할 것이다.

비트코인을 비롯한 수많은 암호화폐도 마찬가지다. 사람들은 이미 암호화폐에 가치를 부여하기 시작했고, 수요와 공급에 의해 가격이 오르락내리락하면서 '적절한 가치'를 찾기 위한 여정이 시작되었다. 하지만 대부분 사람은 여전히 암호화폐 투자를 위험하다고 느낀다. 그 가치를 제대로 이해하지 못하기 때문이다. 가치를 아는 사람들만이 100만 원이 들어 있는 박스를 5만 원에 구입한 것처럼 절대로 흔들리지 않는다.

그렇다면 암호화폐의 가치는 무엇일까? 과연 실물 화폐만큼의 가치가 있는 것일까?

나의 대답은 '그렇다'이다. 아예 가치가 없는 '종이'에 불과한 실물 화폐와 비교하면, 오히려 암호화폐는 비교도 안 될 만큼의 가치를 지니고 있다. 암호화폐와 블록체인이 가져올 엄청난 파급력을 이해하기 위해서는, 우선 '실물 화폐는 가치가 없는 종이에 불과하다'라는 사실을 받아들일 수 있어야 한다. 하지만 대부분 사람은 이를 쉽게 받아들이지 못한다. 심지어 경제학 석·박사 학위를 소지한 경제·금융의 전문가들조차 이런 당연한 사실을 이해하지 못하는 것을 보고 경악을 금치 못했다.

다음은 내가 인터넷상에서 본 암호화폐 규제 찬성론자의 의견이다.

"암호화폐를 철저하게 규제해야 하는 이유는 암호화폐는 실물 화폐와는 달리 가치가 없고 실체가 없으며, 경제적인 생산성이 전혀 없기 때문이다. 예를 들어 한 미국인이 미국에서 저렴한 가격에 비트코인을 매수했다고 가정을 해보자. 이 미국인이 비트코인을 우리나라 거래소로 넘겨서, 이득을 보고 판매한 뒤에, 이를 다시 달러로 바꿔서 미국으로 들고 갔다고 하자. 이런 경우 미국에는 시세차익만큼의 경제적 이득이 쌓이겠지만, 한국에는 아무런 가치가 없는 비트코인만 쌓이게 되어 경제적으로 피해를 보게 된다. 그러므로 암호화폐는 없어져야 한다."

이 의견을 접하고 나는 이렇게 말하고 싶었다.

"그러니까 그 비트코인이 실물 화폐랑 같거나 더 좋은 거라고!"

정말 미치고 팔짝 뛸 노릇이다. 글로벌 금융회사들은 바보 천치라서 실물 화폐를 주고 암호화폐를 사 모으는 건가? 미국, 일본의 당국은 금융 지식이 뒤처져서 국민에게 암호화폐 사용을 권장하는 건가? 일본은 2020 도쿄올림픽을 앞두고 상인들이 암호화폐를 사용하도록 적극적으로 유도하고 있으며, 미국은 비트코인 선물 거래까지 지원하면서 암호화폐를 제도권 내에 안착시키기 위해 꾸준히 노력하고 있다. 심지어 스위스는 '크립토밸리(CryptoValley)'라는 암호화폐 도시를 만들어서 전 세계의 암호화폐와 인재들을 놀라운 속도로 빨아들이고 있다. 이들은 바보가 아니다. 이런 금융 선진국들은 이미 암호화폐가 실물 화폐보다 훨씬 더 가치가 있다는 사실을 깨닫고, 이 시장을 선점하기 위해서 엄청난 노력을 기울이고 있다.

세계 각국에서 발행되는 화폐들은 사실상 비트코인과 전혀 다를 바가 없다. 둘 다 '실질적으로는' 가치가 전혀 없기 때문이다. 기술적인 가치와 환금성, 범용성, 보안성 등을 따져보았을 때 오히려 비트코인이 실물 화폐보다 훨씬 더 나은 화폐다. 그 점을 잘 알기 때문에 전 세계에서 날고 기는 엘리트들만 모아놓은 집단인 글로벌 금융회사들이 앞다투어 암호화폐를 모으고 있는 것이다. 그럼 왜 우리나라 금융회사들은 아무도 암호화폐 투자를 하지 않느냐고? 안 하는 게 아니라 '못' 하는 것일 뿐이다. 제도권 금융기관들이 암호화폐를 매수하지 못하도록 법적으로 규정되어 있기 때문이다.

많은 사람이 아직도 비트코인 같은 암호화폐는 가치가 없고, 실물 화폐는 가치가 있다고 생각한다. 그러나 실상을 파헤쳐보면 암호화폐는 실물 화폐와 다를 바가 전혀 없다. 왜냐하면, 금본위제가 폐지된 이후로 실물 화폐는 실질적인 가치를 모두 잃어버렸기 때문이다. 금본위제란 '국가가 보유하고 있는 금의 양'을 기준으로 화폐의 발행량을 결정하는 제도를 말한다. 예를 들어 '금 1온스에 10달러'라는 교환 비율을 정해놨다면, 정부가 추가로 화폐를 발행하기 위해서는 반드시 그만큼의 금을 추가로 채굴하거나 다른 나라에서 사들여야 한다. 정부가 100달러만큼의 화폐를 더 발행하고 싶다면, 반드시 10온스의 금을 더 보유해야 한다는 뜻이다. 금본위제하에서는 예컨대 '금 1온스 = 10달러'라는 식으로 화폐의 가치가 엄연히 존재했다.

하지만 금본위제 최후의 보루였던 미국이 1971년 금태환 정지를 선언한 이후, 금본위제는 폐지되었다. 따라서 지금의 화폐는 그저 국가에서 발행한 '종이 쪼가리'일 뿐이다. 정부가 원하면 얼마든지 무제한으로 찍어낼 수 있는 종이 쪼가리일 뿐, 실질적으로는 아무 가치도 없다!

그렇다면 왜 사람들은 원화(KRW)가 가치가 있다고 느끼는 것일까? 그 이유는 '가치가 있는 무엇인가'를 원화와 교환하기 때문이다. 바로 '시간과 노동'이라는 가치다.

예를 들어 우리가 회사에 다니면서 매일 8시간씩 일하고, 월 200만 원을 받는다고 가정해보자. 이를 달리 말하면, 시간과 노동을 투입한 대가로 200만 원이라는 원화를 지급받는다는 얘기다. 이 200만 원이라는 화폐 자체는 실질적으로는 아무런 가치도 없는 종이 쪼가리일 뿐이다(이 점에 대해서는 뒤에서 자세히 증명하겠다). 단지 우리가 노동을 하고 시간을 투입한 결과 보상으로 받은 것이기 때문에 가치가 생긴 것이다. 200만 원이라는 가치의 크기는 투입한 시간 및 노동의 가치와 같다.

이것을 암호화폐의 채굴(mine, stake)과 관련하여 재해석해보면 다음과 같다.

- '200만 원'이라는 돈은
  평범한 성인이 매일 8시간씩, 한 달 동안 노동해야
  '채굴'할 수 있는 돈이다.

우리는 매일 8시간씩 '노동'과 '시간'이라는 비용을 투입한 대가로 매달 200만 원이라는 원화를 보상받는다. 뒤집어 말하면 이렇게 된다. 우리는 200만 원이라는 돈을 보상받기 위해서는 얼마만큼의 노동과 시간을 투입해야 하는지를 알기 때문에 이 200만 원에 그만큼의 가치를 부여하게 된다. 손에 쥔 화폐 자체에 200만 원이라는 가치가 있기 때문에 200만 원인 것이 아니다. 평범한 성인이 200만 원을 벌려면 얼마나 고생을 해야 하는지 알기 때문에 돈에 그만큼의 가치를 부여하게 된 것이다.

그렇다면, 실물 화폐는 정말 그 자체로는 아무런 가치가 없는 것일까? 그렇다. 의심할 필요도 없다. 단적인 예로, 화폐가 정말 가치를 지닌 종이라면 화폐 발행량을 무제한으로 늘렸을 때 모두가 행복해져야 할 것이다. 화폐 자체가 가치를 지니고 있다면, 화폐를 무한하게 발행하는 것만으로도 모든 사람이 더 많은 가치를 소유하게 될 것이기 때문이다. 그냥 화폐를 무제한으로 발행하여 모든 사람에게 각각 1조 원씩 나눠주면, 모두가 행복해질 것이다.

하지만 이런 식으로 모든 사람에게 1조 원씩 나누어주면 어떤 일이 벌어질까? 아마 경제학을 배우지 않은 사람이라도 잘 알 것이다. 어마어마한 인플레이션이 발생한다. 지금 환율은 '1,000원에 1달러' 쯤인데, 모두에게 1조 원씩 쥐여준 순간부터는 '1조 원에 1달러' 정도가 되지 않을까?

예를 들어보겠다. 만약 정부가 지금 이 시간부터 모든 사람의 최저 시급을 10배 상승시켰다고 해보자. 즉, 웬만한 사람들의 월급이 모두 10배씩 오르는 거다. 이제 당신은 매일 8시간씩 일하고 월 2,000만 원을 받게 되었다. 과연 이 2,000만 원이 200만 원 받던 시절의 2,000만 원과 같은 가치를 지닐까? 당연히 아니다. 변한 것은 아무것도 없다. 화폐의 지급량이 10배 증가했을 뿐이다. 그런데 이러한 상황이 되면 인플레이션이 발생하여 물가가 10배 상승하게 된다. 부동산도 10배, 주식도 10배 오른다.

이를 공식으로 표현해보자. 먼저, 맨 처음 가정한 상황을 공식화하면 다음과 같다.

- **하루 8시간 한 달 동안 일하면 '채굴' 할 수 있는 돈(A)**
  = 200만 원(B)

최저 시급이 10배 상승한 상황을 공식화하면 다음과 같다.

- **하루 8시간 한 달 동안 일하면 '채굴' 할 수 있는 돈(A)**
  = 2,000만 원(C)

즉, 결론은 이것이다.

- A = B = C

월급으로 지급받게 된 화폐는 200만 원에서

2,000만 원으로 증가했지만, 그 가치는 전혀 변하지 않았다.

즉, 예전의 200만 원이 2,000만 원이 되었을 뿐 당신이 손에 쥔 돈의 가치는 똑같다는 뜻이다. 만약 화폐가 정말 가치를 지닌 종이라면, 손에 쥐는 화폐가 늘어날수록 가치도 당연히 늘어나야 한다. 하지만 그렇게 되지 않았다. 이런 이유로 화폐 자체에는 아무런 가치도 존재하지 않는다고 계속해서 이야기한 것이다.

이제 당신은 화폐 자체에는 아무런 가치도 존재하지 않는다는 사실을 이해했을 것이다. 또 노동과 시간을 투여한 만큼의 보상으로 '화폐'가 주어지기 때문에 화폐에 가치가 부여된다는 사실도 알게 되었을 것이다. 즉, 화폐는 '채굴하는 데 투입된 비용(시간, 노동)'에 대한 보상으로 제공되는 일종의 증명서와 같은 것일 뿐 실질적인 가치는 없다.

이제 왜 비트코인이 화폐와 동일하거나 그 이상의 가치를 지니는지 알아보자. 비트코인을 '채굴'하기 위해서는 화폐와 똑같이 '시간'과 '노동' 등의 비용이 투입되어야 한다.

일단 비트코인을 채굴하기 위해서는 고성능의 컴퓨터와 그래픽카드(GPU) 등의 장비가 필요하다. 또한 그런 장비들을 가동하는 데에는 어마어마한 전기요금을 포함하여 각종 비용이 들어간다. 여기에는 장비들에 대한 감가상각비 등도 포함된다. 또한 엄연히 진입장벽이 있는 분야이기 때문에 그런 진입장벽에 대한 프리미엄이나 위험을 감수하는 것에 대한 프리미엄도 존재할 것이다. 즉, 1비트코인(BTC)을 채굴하는 데에는 이처럼 시간과 노동, 위험 감수에 대한 대가 또는 비용이 투입되어야 한다.

이런 수많은 과정을 거쳐서 채굴이 끝나면, 그 대가로 '비트코인'이라는 보상을 받는다. 그리고 수많은 사람은 1BTC를 채굴하기 위해서 얼마나 많은 비용(시간, 노동, 등)이 투입되어야 하는지를 알고, 인정하고 있다.

비트코인 채굴을 앞서와 같이 공식으로 표현해보면 다음과 같다.

- '비트코인 채굴을 위해 컴퓨터가 24시간 내내 열심히 일한 비용 + 진입장벽 프리미엄 + 감가상각비 + 유지비 + 리스크 비용 + 기타 모든 비용'의 가치
  = 1,200만 원
  = 1BTC

즉, 1BTC의 가치에는 이런 것들이 종합적으로 포함되어 있고, 이를 사람들이 인정하기 때문에 '1BTC = 1,200만 원'이라는 시세가 유지되는 것이다.

종이 쪼가리에 불과한 실물 화폐가 가치를 가지는 이유가 '가치가 있는 무엇(노동, 시간, 비용 등)인가를 원화와 교환하고, 그것을 사람들이 인정'하기 때문이었던 것처럼, 비트코인도 마찬가지다. 비트코인은 그저 0과 1로 구성된 디지털 쪼가리에 불과하지만 '가치가 있는 무엇(노동, 시간 등의 비용)인가와 비트코인을 교환하고, 그것을 사람들이 인정'하기 때문에 화폐와 동일한 역할을 하는 것이다.

정말 동일하다. 원화, 달러화, 엔화 등의 실물 화폐와 하나도 다를 바가 없다. 즉, 가치 있는 것들과 교환할 수 있고 그것을 사람들이 인정한다면, 무엇이 되었든 간에 그 자체로 실물 화폐와 동일한 기능을 하는 것이다. 여기에서 형태가 있느냐 없느냐, 손에 쥘 수 있느냐 아니냐는 상관이 없다. 가치가 있고 교환이 가능하다면, 어떤 것도 실물 화폐의 역할을 할 수 있다.

실제 결제 능력이 있는가

—

둘째는 결제 수단으로서의 문제다. 일부 경제학 교수는 '암호화폐는 가격이 계속해서 급격하게 변하기 때문에 화폐의 대용물이 될 수 없다'고 말한다. 그럼 원화, 엔화, 달러화는 가격이 변하지 않는단 말인가? 시시각각으로 요동치는 환율은, 그럼 도대체 무엇이란 말인가. 암호화폐로 결제하는 시스템을 개발하는 개발자들은 바보가 아니다. 오히려 웬만한 경제학 교수들이 범접할 수 없을 정도의 천재들이다. 게다가 암호화폐의 가격이 요동친다고 해도 이를 극복할 방법은 많다. 그중 가장 원시적이고 간단한 방법은 '암호화폐 결제가 시작되는 즉시 공매도하는' 방식이다.

공매도란 주식이나 비트코인 등의 자산을 다른 사람한테 빌려서 먼저 매도한 뒤, 나중에 다시 사서 갚는 식의 투자 기법을 말한다. 공매도를 활용하면 급격한 시세 변동을 어떻게 극복할 수 있을까?

예를 들어보겠다. 내가 레스토랑에서 식사를 하고 비트코인으로 결제를 한다고 해보자. 계산해야 할 총 금액은 7만 원이었고, 이 금액을 당시의 비트코인 시세로 환산해보니 0.005BTC였다고 하자. 나는 레스토랑 측에 0.005BTC를 전송한다. 하지만 당시 시세로 정확하게 7만 원어치의 비트코인을 보냈다고 해도, 레스토랑이 비트코인을 받는 데까지는 시간이 걸리기 때문에 시세가 변동할 수 있다. 레스토랑은 그런 리스크를 감수하고 싶지 않을 것이다. 이런 점을 극복하기 위해서 내가 레스토랑에 0.005BTC를 전송한 순간, 레스토랑의 결제시스템에서는 자동으로 거래소에서 0.005BTC를 빌려 공매도를 해버린다. 이렇게 하게 되면, 결제 시점 당시의 시세로 0.005BTC를 정확하게 공매도하기 때문에 레스토랑은 내가 보낸 비트코인과 동일한 가격인 7만 원을 받게 될 것이다.

이후 시간이 흘러서 내가 전송한 0.005BTC가 레스토랑 측에 도착하면, 레스토랑은 빌린 0.005BTC를 거래소에 갚으면 된다.

이런 과정은 결제시스템에서 자동으로 처리된다. 이런 방식을 이용하면 시세가 아무리 급격하게 변동하더라도 시세 변동에 따른 리스크를 최소화할 수 있다. 사실 이런 방법은 리스크를 줄일 수 있는 정말 원시적인(?) 방법에 불과하다. 암호화폐가 본격적으로 대중화되면 굳이 실물 화폐로 환전할 필요성이 없어지기 때문에 시세 변동의 리스크를 거의 고려하지 않게 될 것이다.

실용화가 가능한가

셋째는 실용화의 문제다. 일부 전문가는 비트코인을 비롯한 모든 암호화폐의 송금 속도가 매우 느리고 수수료가 많이 들기 때문에 실용화가 불가능하다고 주장한다. 하지만 이 역시 암호화폐를 제대로 이해하지 못한 결과다. 최초의 암호화폐는 2009년에 개발되었으며, 그것이 비트코인이다. 그리고 지금은 2018년이다. 9년이라는 시간 동안 암호화폐는 꾸준히 발전을 거듭해왔으며, 비트코인의 느린 송금 속도 문제는 한참 전에 전부 해결되었다.

요즈음의 암호화폐들은 초당 1,000건 이상의 거래도 가볍게 처리할 수 있으며, 블록 생성 주기도 매우 짧아졌다. 예를 멀리서 찾을 것도 없이 스마트폰을 한번 보자. 2009년이면 삼성에서 '옴니아2'라는 스마트폰을 출시했을 때다. 2018년인 현재 '옴니아2의 속도가 느리기 때문에 스마트폰은 가치가 없으며 발전 가능성이 없다. 폐기해야 마땅하다'라고 주장할 수 있을까? 9년이라는 시간 동안 스마트폰이 얼마나 변화했는지 우리는 두 눈으로 똑똑히 확인했다. 암호화폐의 진화 속도는 스마트폰의 진화 속도보다 훨씬 더 빠르다. 지금도 하루가 멀다고 매일 더더욱 빠른 속도로 업그레이드된 새로운 암호화폐들이 나오고 있는 마당에, 언제까지 9년 전에 개발된 비트코인의 단점만을 붙들고 늘어질 셈인가? 느린 송금 속도 문제를 예로 들면서 암호화폐의 발전 가능성이 없다고 깎아내리는 것은, 자신이 암호화폐에 대해 아무것도 모른다는 사실을 고백하는 꼴이다.

이제 드디어 당신도 암호화폐와 일반 화폐가 다를 것이 전혀 없다는 사실을 이해하게 되었을 것이다. 암호화폐는 실용화를 목전에 둔 상태이며, 그동안 지적되어온 수많은 단점은 거의 해결되었다.

분산된
개인의 힘

얼마 전 인터넷상에서 한 경제학 교수의 글을 보고 경악을 금치 못했다. '암호화폐를 규제하되, 블록체인 산업은 계속해서 육성해나가야 한다'라는 어처구니없는 내용이었기 때문이다. 암호화폐의 원리와 가치에 대해서 단 1%도 이해하지 못하고 쓴 글이 분명했다. 어떻게 암호화폐와 블록체인을 떼어놓고 설명할 수 있다는 말인가? 그의 주장은 '전국의 자동차 도로를 전부 폐쇄하되, 자동차 산업은 계속해서 육성해야 한다'라는 말과 같다. 암호화폐와 블록체인은 절대로 떼어놓을 수 없는 관계다.

그렇다면 비트코인을 비롯한 수많은 암호화폐는 왜 채굴한 사람에게 '코인(암호화폐)'이라는 보상을 주는 것일까? 그 이유는 바로 채굴하는 사람들이 많아져야 암호화폐의 블록체인이 안전하게 유지될 수 있기 때문이다. 여기서 채굴이란 비트코인을 얻기 위한 노동 과정의 일종이다. 다만, 이 노동을 사람이 직접 하지는 않으며 컴퓨터가 대신 해준다는 차이가 있다. 블록체인 네트워크가 정상적으로 돌아가기 위해서는 왜 채굴을 해야 할까?

계모임과 블록체인 네트워크

—

'채굴'을 이해하기 위해서는 먼저 블록체인의 원리를 이해해야 한다. 블록체인의 원리는 수많은 사람이 거래와 관련된 동일한 장부를 보관하는 것에서 출발한다. 예를 들어 100명의 사람을 모아서 매달 10만 원씩 붓는 계모임을 만들었다고 해보자. 계모임이 정상적으로 돌아가기 위해서는 이 돈을 관리하는 계주(관리자)가 필요할 것이다. 계주는 이 돈을 어디에 어떻게 썼고, 누가 얼마 냈는지 장부에 기록하면서 현금흐름을 관리한다. 하지만 이런 계모임은 아주 높은 확률로 사고가 발생하는데, 그 이유는 바로 계주에게 모든 권한이 집중되어 있기 때문이다. 장부와 현금을 계주가 들고 있기 때문에 장부를 얼마든지 조작할 수 있고 현금을 유용할 수도 있다.

이것이 바로 오늘날의 중앙화된 금융 시스템의 문제점이기도 하다. 관리자가 신용할 수 없는 사람일 때 위조, 변조, 도난의 문제가 얼마든지 터질 수 있다. 간단한 모습을 그려보기 위해 '계주'를 예로 들었지만, 관리하는 돈의 크기에 따라서 문제를 일으키는 주체가 은행이 될 수도 있고 심지어는 상장기업이나 공공기관이 될 수도 있다. 상장기업들이 회계 장부를 조작하여 매출을 부풀렸다가 적발되어 처벌을 받는 사례를 얼마나 많이 보아왔는가. 또한 몇몇 은행이 부실과 범죄의 온상이 되어 파산에 이르는 사례도 얼마나 흔한가. 이런 일이 일어날 때마다 피해자는 늘 개인 투자자들이었다. 이렇게 몇몇 관리자가 장부와 정보를 독점하는 지금의 시스템에서는 이런 피해가 언제든지, 얼마든지 발생할 수 있다.

블록체인은 우리 사회의 이런 문제점들을 해결하기 위해 등장한 개념이다. 블록체인은 중앙화된 시스템의 문제점들을 '탈중앙화(decentralization)'★라는 개념을 통해 해결했다. 앞서

★ 탈중앙화 또는 분산화는 블록체인 기술의 핵심 가치다. 하나의 서버로 이루어진 네트워크와 달리, 각각의 노드(node)로 구성된 블록체인 기술은 해킹 등의 사이버 공격으로부터 네트워크를 안전하게 지킬 수 있다. 탈중앙화 네트워크의 장점은 의사결정 과정에서 특정 소수에게 권력이 집중되지 않는다는 것이다. 의사결정을 할 때 각 노드(또는 개인)의 의견을 반영하기 때문에 특정 소수가 권력을 독점하는 것을 방지할 수 있다.

예로 들었던 계모임을 블록체인을 통해서 재구성해보자. 블록체인 네트워크상에서 참여자들은 모두가 동일한 장부를 소유하게 된다. 예컨대 참여자가 100명이면 장부를 100개 만들어서 동일한 장부를 전원이 각자 소유하는 것이다. 블록체인 네트워크에서는 거래가 발생하여 장부를 수정해야 한다면, 모두가 모여서 장부를 똑같이 수정한다. 예를 들어 A가 B에게 1,000만 원을 지급했다면, 네트워크에 포함된 100명이 모두 모여서 각자의 장부에다가 'A가 B에게 1,000만 원을 지급함'이라고 적는다.

이렇게 모두가 동일한 장부를 지니고 거래마다 모든 인원이 참여하여 동일한 거래 내용을 기록한다면, 계주가 아무리 장부를 위조해봤자 소용이 없다. 계주를 뺀 나머지 99명이 전부 같은 내용의 장부를 가지고 있기 때문이다. 계주 혼자서 아무리 우겨도 나머지 99명이 "우리 장부에는 그 내용이 없어요. 아무리 봐도 이건 계주님이 잘못 적은 것 같은데요?"라고 하면 할 말이 없어진다. 만약 계주가 장부를 위조하고 싶다면 어떻게 해야 할까? 적어도 50명 이상의 공범자를 만들어야 할 것이다. 그래야만 "봐라, 절반이 넘는 다른 사람들도 다 나랑 장부 내용이 같잖아! 너희가 실수로 빠뜨린 거라니까!"라는 식으로 몰아갈 수 있을 것이다.

즉, 기존에 계주가 혼자서 장부를 관리하던 때는 계주가 마음대로 위조할 수 있었지만, 블록체인을 통해서 모두가 동일한 장부를 소유할 때는 과반수의 참여자를 공범으로 만들지 않는 이상 장부 조작이 불가능해진다. 이것이 바로 블록체인 네트워크의 기본 원리이자 탄생 배경이다.

채굴이란 무엇일까?

그렇다면, 이런 블록체인 네트워크에서 '채굴'이란 어느 단계일까? 바로 '장부를 확인하고 기록하는 행위'에 해당한다. 예컨대 참여자가 100명이라 할 때 100명이 모두 모여 서로의 장부를 확인하고 기록하는 것, 이것이 바로 채굴이다.

하지만 이렇게 '거래가 발생할 때마다 100명의 장부를 일일이 확인하고 수정하는 행위'는 굉장히 귀찮은 일이다. 실제로 그런 광경을 상상해보라. 얼마나 번거롭고 귀찮겠는가? 이런 일은 상당한 노동과 시간을 필요로 하기에, 만약 이 일에 대해 아무런 인센티브가 없다면 아무도 하려고 하지 않을 것이다. 장부를 확인하고 수정하는 사람의 수가 현저하게 줄어든다면 그만큼 장부의 위조 · 변조가 쉬워질 것이고, 결국 블록체인 네트워크 전체의 신뢰도가 떨어질 것이다. 그래서 이렇게 장부를 확인하고 수정해주는 사람이 많아지도록 참여를 독려하기 위해 보상으로 탄생한 것이 바로 '암호화폐'다.

블록체인 네트워크에서는 신규 거래가 발생하면 채굴하는 사람들이 거래를 확인(confirm)해주며, 그 노동에 대한 대가로 암호화폐를 받아간다. 즉, 채굴하는 사람들이 일종의 거래 보증인 또는 거래 중개인으로서 노동을 해주는 대가로 암호화폐를 받는 것이다. 비록 사람이 직접 일을 하는 것은 아니지만, 컴퓨터가 계속해서 전력을 소모하면서 비용을 들이기 때문에 이를 보상하는 것이다.

이렇게 채굴을 진행하면서 거래를 확인해주는 컴퓨터(사람)들을 노드(node)라고 부른다. 만약 이렇게 거래를 확인해주는 노드가 극소수라면 어떤 일이 발생할까? 당연히 일 처리도 느려질 것이고, 장부를 조작하는 일도 쉬워질 것이다. 앞서의 계모임 예를 다시 가져와 보자. 장부는 100개가 존재하는데, 오직 5명만이 장부를 비교·대조하는 일에 투입된다면 어떻게 될까? 모든 일 처리가 지연될뿐더러, 이 5명이서 짜고 남은 장부들을 위조할 가능성도 있을 것이다. 블록체인 네트워크도 동일하다. 수많은 사람이 블록체인 네트워크를 빠르고 안전하게 사용하기 위해서는 노드의 숫자가 많아야만 한다. 그래야 일 처리를 해줄 사람이 많아지기 때문이다. 그래서 블록체인 네트워크를 안전하게 유지하고, 처리 속도를 원활하게 하기 위해서는 반드시 채굴에 참여하는 사람들이 많아져야 한다. 암호화폐는 그들이 채굴을 계속하게 하는 일종의 '유인책' 역할을 한다.

암호화폐 거래 시 왜 수수료가 필요할까?
—

암호화폐를 송금하기 위해서는 수수료를 설정해야 한다. 이 수수료를 높게 설정할수록 거래의 우선권이 높아지고(거래가 신속하게 처리됨), 수수료를 낮게 설정할수록 거래의 우선권이 낮아진다. 그리고 이렇게 설정한 수수료는 시스템으로 모여 거래를 확인해준 노드에 지급된다. 노동의 대가를 주는 것이다.

그렇다면 왜 모든 것이 전자화된 블록체인 네트워크에서 송금 시에 수수료 따위를 받도록 설정된 것일까? 이유는 두 가지다.

첫 번째 이유는 디도스(DDoS) 공격에 대한 방어책이다. 만약 대량의 코인을 보유한 사람이 의도적으로 대규모의 거래를 발생시켜버린다면, 네트워크에 엄청난 과부하가 발생해 블록체인 네트워크 전체를 마비시킬 수도 있을 것이다. 이런 일을 예방하기 위해 수수료를 설정하는 것이다. 거래량이 커지면 커질수록 지불해야 하는 비용이 커지기 때문이다. 누군가 대규모 거래를 발생시키더라도 그 거래량만큼 막대한 비용을 지불해야 한다.

두 번째 이유는 채굴하는 노드들에 일정한 가치의 보상을 주기 위해서다. 그런데 만약 채굴을 할 때마다 계속해서 새로운 코인을 발행하여 지급한다면 어떻게 될까? 그러면 코인의 총발행량이 늘어나 인플레이션이 발생한다. 존재하는 코인의 숫자가 계속해서 늘어나기 때문에 코인의 가치가 하락하는 것이다. 그래서 거래가 발생할 때마다 매번 신규 코인을 발행하여 보상을 지급하는 것은 불가능하다. 대신 거래가 일어날 때마다 거래자들로부터 일정 금액의 수수료를 받아서 노드에 지급하면, 신규 코인을 발행하지 않고도 자체적인 보상 체계를 영구적으로 유지할 수 있다.

노드 수와 네트워크의 안전성
—

노드, 즉 참여자들이 많아지는 게 네트워크의 안전성에 기여하는 이유는 무엇일까? 앞서 계모임의 예를 통해 설명했다시피,

거래를 확인해주는 사람들(노드)이 늘어날수록 해킹을 시도하기가 어려워지기 때문이다. 블록체인상에서 거래 장부가 50개 존재한다고 해보자. 이때는 과반, 즉 26개 이상의 장부를 동시에 해킹하여 수정해버리면 블록체인 거래 내용을 조작할 수 있다. 과반의 장부가 동일한 내용을 표시하고 있다면, 블록체인 시스템은 그렇게 반수를 넘어가는 장부를 원본(original)으로 받아들이기 때문이다.

하지만 만약 거래 장부가 5,000개라면? 2,501개 이상을 해킹해야만 해킹이 성공할 것이다. 하지만 전 세계에 고르게 분산된 2,501개 이상의 컴퓨터를 동시에 해킹하는 것은 물리적으로 불가능에 가깝다. 즉 블록체인 네트워크의 노드가 늘어나면 늘어날수록 네트워크의 안전성이 높아진다.

이렇게 블록체인의 네트워크가 안전성을 확보하고 나면, 이 네트워크상으로 코인뿐만이 아니라 수많은 민감하고 중요한 정보가 해킹 걱정 없이 오갈 수 있다. 즉 각종 블록체인 산업이 자동차와 같다면, 암호화폐는 이들이 안정적으로 굴러갈 수 있도록 해주는 '도로'의 역할을 한다. 자동차가 지나다닐 수 있도록 도로를 유지·보수해주는 사람들에게 월급을 지급하지 않으면 어떻게 될까? 물론 극소수의 착한 사람들은 무료로라도 일을 해줄지 모른다. 하지만 대부분 사람은 무료로 노동을 제공하려고 하지 않을 것이고, 도로는 엉망진창이 될 것이다. 그래서 암호화폐라는 것이 탄생했고, 이 암호화폐를 거래소를 통해 실물 화폐와 교환할 수 있게 함으로써 노드들에 적절한 보상을 줄 수 있게 된 것이다.

자본이나 권력보다 분산된 개인의 힘이 큰 이유
—

그런데 블록체인 네트워크 유지·보수를 그냥 정부나 대기업에서 하면 되지, 왜 지구상의 수많은 개인이 분산하여 처리해야 할까? 이에 대한 답은 이미 앞에 다 나와 있다. 한마디로, 노드들이 분산될수록 해킹의 위험에서 벗어날 수 있기 때문이다. 만약 정부나 대기업에서 블록체인 네트워크를 독점한다면, 정부나 대기업 한 군데만 해킹당해도 모든 정보를 도난당할 수 있다. 또한 해킹을 당하지 않더라도 정부나 대기업 등의 주체가 블록체인 네트워크를 독점적으로 유지할 경우 얼마든지 장부를 조작할 수 있을 것이다. 그러면 사실상 블록체인의 의미가 사라져버린다.

반면 블록체인 네트워크를 전 세계의 수많은 개인에게 분산시켜 처리하게 하면, 해킹을 하거나 조작을 할 수 있는 방법이 존재하지 않는다. 그러므로 정부에서 새로운 코인을 발행하면 기존의 코인들이 멸망할 것이라는 세간의 분석에는 동의하기 어렵다. 코인의 힘은 불특정 다수의 사용자가 많아지면 많아질수록 커지는 것이지, 발행 주체가 자본이나 권력을 가졌다고 해서 커지는 것이 아니기 때문이다.

리스크 없는
화폐의 등장

암호화폐를 부정적으로 보는 사람들은 암호화폐가 다음과 같은 이유로 필멸한다고 주장하기도 한다.

"비트코인이나 수많은 암호화폐는 상위 몇 퍼센트의 사람이 수십 퍼센트씩 독점하여 보유하고 있다고 합니다. 이들이 보유하고 있는 코인을 푸는 순간, 거품은 꺼지고 모든 코인이 몰락할 것입니다. 암호화폐의 몰락은 시간문제입니다."

하지만 이 역시 잘못된 주장이다. 상위 몇 퍼센트가 부의 대부분을 독점하는 것은 자본주의 사회에서 너무나도 자연스러운 현상이다. 애초에 비트코인뿐만이 아니라 주식, 부동산을 비롯하여 전 세계의 모든 실물 재산은 상위 몇 퍼센트가 과반 가까이 보유하고 있다. 그리고 이런 최상위권의 투자자들은 그저 자신이 왕이 될 수 있는 생태계가 유지되기만 하면 그만이라고 생각한다.

'상위 몇 퍼센트의 사람이 수십 퍼센트씩 독점하고 있기 때문에 이들이 결국 대량 매도를 하면 버블이 무너질 것이다' 라는 주장은 '전 세계 부자들이 자신이 가진 부동산과 주식을 한방에 매도해버리면 세계 경제가 무너질 것이다' 와 같은 말이다. 전 세계 부자들이 자신들이 가진 자산을 일시에 매각하는 일이 발생할 것 같은가? 가만히 둬도 돈이 갈수록 불어나는데 무엇하러 그런 일을 하겠는가. 암호화폐 대량 보유자들도 마찬가지다. 이들이 원하는 것은 원금 보존 같은 하찮은 것이 아니다. 이들은 이 세계의 운영자이면서 현재의 생태계가 잘 유지되길 바라는 방관자이기도 하다. 현 상태가 유지되어야만 자신이 가진 부와 암호화폐의 가치가 유지될 것이기 때문이다.

그래도 저런 주장이 하도 자주 등장하니 한번 가정을 해보자. 암호화폐 거부들이 일시에 대규모로 매도에 나선다면 어떤 일이 벌어질까? 우선은 그 물량을 받아줄 주체가 없어서 거래가 성사되지 않는다. 거래가 성사되지 못하면 당연히 가격이 내려가기 때문에 종국에는 자산의 가치가 '0' 에 가깝게 축소되고 말 것이다.

이 글을 읽고 있는 당신이 만약 비트코인 총량의 40% 이상을 가지고 있는 보유자라고 해보자. 시세가 떨어질지도 모른다는 근거 없는 의심만으로 자신이 가진 몇십조의 재산을 몽땅 날려버리는 짓을 하겠는가? 아마 이런 미친 짓을 할 바보는 어디에도 없을 것이다. 부자들은 바보가 아니다.

지갑 파일만 있으면 세계 어디서든 안전하다
—

애초에 암호화폐는 독점적인 구조가 아니다. 오히려 어떤 화폐보다 탈권위적이고, 탈중앙집권적이며, 가장 신용이 높은 화폐다. 암호화폐 비관론자들은 '비트코인을 비롯한 암호화폐들은 보증을 해주는 사람이 없고, 누가 발행했는지도 모르기 때문에 사기이고 믿을 수 없다'라고 주장하는데, 이는 하나만 알고 둘은 모르는 것이다. '보증을 해주는 특정한 사람이나 단체가 없다'는 것 자체에서 암호화폐의 '가치'가 발생하기 때문이다.

기존의 실물 화폐들은 가치를 보증해주는 기관이나 단체가 있다. 이는 역으로, 그 기관이나 단체가 해당 화폐에 대해 막강한 힘과 권력을 행사할 수 있음을 뜻한다. 그럴 때 해당 화폐를 사용하는 사람들은 그 권력에 휘둘리고, 손해를 보게 된다. 일단 가장 큰 문제는 인플레이션이다. 특정 단체가 화폐의 발행량을 사실상 무한대까지 조절할 수 있다는 것은, 결국 정보가 없고 투자자산이 없는 평범한 사람들은 손해를 볼 수밖에 없는 구조라는 얘기다. 실물 화폐들은 사실상 계속해서 발행량이 늘어나고 있기 때문에 현금 보유자는 항상 인플레이션이라는 손해를 감수해야만 한다.

반면, 비트코인을 비롯한 모든 암호화폐는 블록체인 기술을 이용해서 네트워크에 참여하는 사람들 모두가 보증인이 된다. 수많은 참여자가 제각각 서로를 보증해주는 형태로 엮여 있기 때문에 해킹으로부터 안전하며, 특정한 권력이 개입할 여지가 없다. 게다가 암호화폐들은 시스템상에서 발행량이 정해져 있기 때문에 인플레이션이 거의 발생하지 않는다(물론 일정한 인플레이션이 발생하는 화폐도 있으나 이런 화폐들조차 인플레이션율이 1%를 넘기지 않도록 설계되어 있다).

또한 암호화폐는 암호를 잃어버리지 않는 한 분실 위험도 없고, 전 세계 어디에서든 거의 비슷한 가치를 인정받을 수 있다. 예를 들어 우리나라에 전쟁이 난다면 원화의 가치는 사실상 제로가 될 것이다. 현금 외에 부동산이나 기업을 보유하고 있다 하더라도 그 자산이 파괴되면 무용지물이 된다. 설사 파괴되지 않고 무사하더라도 전쟁 중의 자산 가치 하락은 그야말로 절망적인 수준일 것이다.

반면에 암호화폐는 어떤 경우에도 파괴되거나 가치를 잃어버릴 염려가 없다. 지갑 파일을 구글 드라이브나 이메일에 미리 올려만 놓는다면, 전 세계 어디에서든 인터넷을 통해 바로 지갑을 다운받아 이용하면 된다. 전 세계적으로 거의 동일한 가치를 인정받기 때문에, 전쟁에서 살아남기만 한다면 세계 어느 나라에서든 나의 부를 훼손 없이 누릴 수 있다. 블록체인 기술의 이런 특성을 보면, 평범한 개인 투자자 입장에서도 실물 화폐를 보유하는 것보다 암호화폐를 보유하는 것이 더 이득임을 충분히 알 수 있다.

암호화폐의
미래 가치는?

이론상 암호화폐의 가치는 계속해서 증가한다. 실물 화폐에서 인플레이션이 계속해서 진행되기 때문이다. 하지만 아무리 실물 화폐의 인플레이션이 반영된다고 해도 모든 코인의 가격이 계속해서 올라가는 것은 아니다. 코인 역시 가치에 비해 지나치게 과열되는 경우도 있다. 시중에는 현재 수천 종류의 코인이 존재하며, 옥석 가리기가 한창 진행되고 있다.

암호화폐의 가장 큰 특징은 발행량이 정해져 있고 발행하는 기업이나 단체가 존재한다는 것이다. '화폐'라는 이름으로 불리지만, 사실상 '주식'과 비슷한 성질을 지니고 있다. 다만 그 가치가 매출이나 영업이익에서 나오는 것이 아니라, 얼마나 범용성이 있고 많은 부분에서 쓰일 수 있느냐에 따라서 달라지는 것뿐이다. 또 시장이 24시간 열려 있고, 상한가와 하한가가 없기 때문에 주식에 비해서 변화가 매우 급격하다는 특징도 있다. 일각에서는 이런 극단적인 변동성을 이유로 암호화폐를 '도박'이라고 칭하는데, 이는 틀린 말이다.

암호화폐 시장과 주식 시장

—

암호화폐 시장에서의 2일은 주식 시장에서의 1주일보다 긴 시간이다. 주식 시장은 하루에 6시간 30분 동안만 열리는 데 비해 암호화폐 시장은 24시간 내내 열려 있기 때문이다. 암호화폐 시장에선 2일 동안 48시간의 거래가 가능하지만, 주식 시장에서는 1주일 내내 거래해도 총 거래 시간이 32시간 30분에 불과하다. 만약 주식 시장에 거래 시간 제한이 없고, 상·하한가의 제한도 없다면 어떻게 될까? 결국 코인 시장과 똑같은 양상으로 흘러갈 것이다. 게다가 현재는 암호화폐 투자에 대해서 양도소득세나 거래세를 받지 않기 때문에 주식 시장에 비해 더욱더 강한 변동성이 나타나고 있을 뿐이다.

이런 특징들을 종합적으로 고찰해본 결과 나는 암호화폐에 투자할 때도 '가치투자' 전략이 유효할 수 있다는 확신이 들었다. 가치를 평가하는 기준이 다르고 변동성이 조금 더 강할 뿐, 코인도 주식과 비슷한 성질을 지니고 있기 때문이다. 만약 가치를 분석할 수 있는 합리적인 기준만 마련할 수 있다면, 코인도 가치투자가 가능하리라는 확신이 들었다.

내가 생각하는 가치투자란 '미래' 가치를 보고 '현재'에 투자해서 가치가 '현실화'될 때까지 기다리는 것이다. 즉, 암호화폐에 가치투자 한다는 것은 암호화폐의 미래 가치를 보고 지금 투자해서, 내가 생각한 미래의 가치에 도달할 때까지 기다리는 것이다.

가치의 기준, 신뢰성과 범용성

코인의 미래 가치는 어떤 기준으로 분석할 수 있을까? 내가 생각해낸 기준은 바로 '신뢰성'과 '범용성'이었다. 아무리 기술적으로 뛰어난 코인이라 할지라도 아무도 사용하지 않으면 가치가 만들어지지 않기 때문이다. 코인 자체는 데이터 조각에 지나지 않기 때문에 신뢰성과 범용성이 기반이 되어야만 비로소 가치가 생긴다. 마지 내가 한 낙서와 세계적으로 유명한 화가인 데미안 허스트의 낙서가, 같은 종이에 같은 펜으로 했다고 해도 가치가 크게 차이 나는 것처럼 말이다(데미안 허스트가 택시기사에게 팁으로 그려준 낙서는 4,500파운드, 그러니까 우리 돈 약 650만 원에 낙찰되었다).

데미안 허스트의 낙서가 내가 끄적인 낙서에 비해 가치가 훨씬 더 높은 이유는 데미안 허스트라는 이름에 신뢰성과 범용성이 있기 때문이다. 세계 어디를 가더라도 "이 낙서는 데미안 허스트가 한 것입니다"라고 하면 많은 사람이 가치를 인정해준다. 신뢰성과 범용성이 낙서 하나에 그토록 높은 가치를 부여하는 것이다. 코인도 결국 마찬가지다. 신뢰성과 범용성이 가치의 핵심인 것이다.

나는 코인 투자를 앞두고, 특정 기업에 가치투자를 한다는 느낌으로 접근했다. 특히 어떤 코인이 앞으로 신뢰성과 범용성을 획득할 수 있을지, 그리고 가치가 지속적으로 올라갈 근거가 있는 코인은 어느 것인지를 집중적으로 분석해보았다.

우선 비트코인을 비롯하여 몇몇 상위권 코인은 투자 대상에서 제외하기로 했다. 이런 코인들은 이미 가치가 너무 많이 올라버린 상태여서 큰 재미를 볼 수 없을 뿐만 아니라, 너무 예전에 나온 코인들이라서 실용화되기에는 기술적으로 많이 뒤처지기 때문이다. 몇몇 사람은 비트코인이 암호화폐를 대표하는 코인이기 때문에 앞으로 대성할 수밖에 없다고 주장하기도 한다. 그렇지만 나는 비트코인은 실용적인 측면에서는 최악의 코인이기 때문에 결국에는 가볍고 빠른 알트코인으로 대체되리라는 확신이 들었다. 나는 비트코인을 대체할 만하면서도 아직 걸음마 단계에 불과한 코인들을 찾아 나섰다.

수많은 코인 중에
누가 승자가 될까?

가치투자자로서 내가 생각한 암호화폐의 가치 기준은 신뢰성과 범용성이었다. 즉 신뢰성이 높고 범용성이 우수할수록 코인의 내재 가치가 높다는 의미다.

신뢰성과 범용성이 중요한 이유

—

일단 신뢰성 부분부터 살펴보자. 암호화폐의 신뢰성은 왜 중요하며, 어디에서 나올까? 가장 크게는 코인을 발행한 주체와 그 구성원들의 신뢰도가 좌우할 것이다. 발행 주체가 불분명하고, 대표의 이력이나 학력 등을 신뢰할 수 없다면 그 코인은 신뢰도가 떨어진다고 할 수 있다. 요즘 수천 가지의 코인이 계속해서 생기고 있는데, 이런 코인을 만들어내는 집단 중 실제로 믿을 만한 사람들이 모여 있는 곳은 얼마 되지 않는다. 신뢰성이 떨어지는 코인이 태반이란 얘기다. 이렇게 신뢰도가 떨어지는 코인들은 설사 ICO(Initial Coin Offering: 블록체인 기반의 코인을 만들고 투자금을 모집하는 것)에 성공하더라도 거래소에 상장되어 투자금을 회수할 수 있을지가 불분명하고, 설사 상장이 되더라도 ICO 때 들어간 가격보다 더 낮은 가격이 형성될 수도 있다. 코인의 지속 가능성을 볼 때 신뢰성이 가장 우선되어야 하는 이유가 바로 이 때문이다.

그렇다면 범용성은 왜 중요할까? 범용성이란 코인이 얼마나 실용적으로, 얼마나 다방면에서 사용될 수 있느냐 하는 것을 말한다. 암호화폐는 블록체인이라는 기술을 바탕으로 만들어졌다. 블록체인은 단순히 코인 하나만을 위한 기술이 아니라 IoT(Internet of Things, 사물인터넷) 등 여러 가지 기술에 접목하여 다방면으로 쓰일 수 있는 기술이다. 이런 다양한 확장성을 배제한 채 일방적으로 화폐 역할만을 위해서 블록체인 기술을 활용한다면, 결국 실용화 과정에서 큰 벽에 부딪힐 것이다.

앞으로의 암호화폐는 명성이 아니라 플랫폼의 대결이다. 데이터 조각에서 벗어나 실제로 결제에 사용되거나 IoT 등의 실제 세상으로까지 확장시킬 수 없다면 암호화폐로서의 가치를 더는 지니지 못하게 된다. 단순히 화폐로서의 기능만 하는 암호화폐들은 앞으로 실용화 과정에서 고배를 마실 수밖에 없을 것이다.

버블 이후를 보자

—

지금의 암호화폐 시장은 그야말로 IT 버블 시기의 초·중반기 정도라고 할 수 있다. 2000년을 전후로 한창 IT 버블이 생기면서 IT가 돈이 된다는 것을 깨닫자 너도나도 일단 뛰어들고 보는 상태가 지속되었다. 지금의 암호화폐 시장이 바로 그런 상황이다. 어떤 사람들은 이런 점을 빗대 암호화폐 전체에 거품이 껴 있고, 결국 암호화폐 자체가 사라질 것이라고 주장한다. 하지만 IT 버블이 끝나고 모든 IT기업이 사라진 게 아니듯이, 암호화폐 중에서도 몇 가지 코인은 반드시 살아남으리라는 것이 내 생각이다.

　IT 버블을 통해서 네이버나 엔씨소프트 같은 초대형 기업들이 등장하여 우리 삶을 더욱 풍성하게 만들어준 것처럼, 암호화폐 전쟁에서 살아남은 코인들은 그야말로 빛과 같은 속도로 성장하여 실물 화폐의 대체재가 될 것이다. 지금은 수천 가지 코인이 전쟁을 벌이고 있지만, 결국 옥석 가리기로 나아갈 수밖에 없다. 실용화 단계에 이르면 몇 개의 코인만이 살아남아서 지금의 시장점유율을 모두 휩쓸어버릴 가능성이 크다.

그렇다면 앞으로 어떤 코인들이 살아남을까? 일단 확실한 것은 비트코인은 아니라는 것이다. 비트코인은 우리나라의 IT 버블 시대를 개척한 야후코리아와 같은 존재라고 할 수 있다. 야후코리아는 IT 버블 초창기에 우리나라 인터넷의 포문을 열어주었으며, 한때는 인터넷에 연결된 대부분 컴퓨터의 메인 페이지가 이 사이트였다.

하지만 야후코리아는 결국 플랫폼의 시대로 넘어가는 시기에 멸망해버리고 말았다. 아무리 인지도가 있고 시장을 선점했더라도 구닥다리 인터페이스와 시대를 따라가지 못하는 콘텐츠로는 플랫폼으로서의 역할을 제대로 해낼 수 없었던 것이다. 당시 야후코리아는 인지도로는 전국 1위였다. 하지만 오래되고, 기술적으로 정체되었으며, 확장성과 범용성이 없었다. 결국 자본금 5억 원으로 시작 조그마한 기업이던 네이버에 1위 자리를 내줄 수밖에 없었다.

비트코인도 마찬가지다. 후에 기축통화나 금의 대체재로 쓰일 순 있겠지만, 느린 거래 속도와 작은 블록 크기 탓에 실용화가 되기는 어려울 것이다.

'그렇다면 어떤 코인이 지금의 네이버와 같은 위치에 오를
수 있을까?' 어떤 암호화폐에 투자해야 할지 고민을 거듭하던
중 뜻밖의 기회가 다가왔고, 나는 실제 투자에 돌입했다.

2장

왜
메디블록, 퀀텀에
투자했나

두 달 만에 6억 만든
메디블록 투자

어떤 암호화폐가 제2의 네이버가 될 수 있을까 고민하던 2017년 11월 초, 이 책의 공동 저자인 혁민이가 '메디블록'이라는 것에 대해서 어떻게 생각하느냐고 물어왔다. 그는 의사이며 나의 15년 지기 절친이다. 혁민이가 활동하는 커뮤니티에서 메디블록이라는 암호화폐가 화제가 되었는데, 이번에 2차 ICO를 진행 중이라는 것이었다. ICO란 'Initial Coin Offering'의 약자로 새로운 암호화폐를 개발하면 이를 분배하겠다는 약속을 하고 자금을 끌어모으는 것을 말한다. 투자자들은 ICO 중인 암호화폐(토큰)를 받는 대가로 비트코인이나 이더리움 같은 다른 암호화폐를 입금하여 펀딩에 참여한다.

나는 당시 메디블록에 대해 아는 것이 아무것도 없었기 때문에 일단은 조사가 필요했다. 혁민이도 메디블록에 대해서 아는 것이라곤 의사 출신인 공동대표 2명이 창업한 회사라는 것뿐이었다. 하지만 아무리 정보를 찾아보려고 해도 공개된 정보가 거의 없었다. 아직 발행된 코인이 아니었기 때문이다. 당시 우리가 할 수 있는 것은 메디블록 공식 홈페이지에 들어가 백서(White Paper, 白書)를 다운받아서 분석하는 것뿐이었다.

백서는 암호화폐의 특징을 담은 보고서 같은 것인데, 어떤 암호화폐든 공식 홈페이지에 들어가면 다운받을 수 있다. 처음으로 코인을 발행하면 그 코인의 특징이 무엇인지, 왜 만들어졌는지 등에 대한 정보가 전혀 없다. 그 때문에 회사 측에서 투자자들에게 정보를 제공하기 위해 '백서'라는 형태로 자신들이 개발한 코인의 특징과 장점, 그리고 미래의 사업계획에 대해 설명해놓는 것이다. 백서에는 해당 코인의 발행 목적과 특징, 가치와 활용 방안이 자세히 서술되어 있다. 물론 백서는 회사 측에서 발행한 일종의 '사업계획서'에 가까운 것이기 때문에 반드시 거기 적힌 대로 된다는 보장은 없으며, 어디까지나 참고용으로만 활용해야 한다.

우리는 메디블록의 백서를 다운받아서, 투자 가치가 있는지를 본격적으로 분석하기 시작했다. 우리가 중점적으로 본 것은 '의사와 환자들이 과연 기존의 시스템을 버리고 메디블록을 사용할 만한 이점이 있느냐' 하는 점이었다. 아무리 좋은 시스템이라도 결국 사람들이 사용할 만한 동기가 없으면 무용지물이 될 것이기 때문이다. 특히 우리는 암호화폐에 처음으로 투자하는 입장이었기 때문에 더욱더 조심스럽게 접근했다.

의료 정보에 블록체인 기술을 활용하고자 하는 메디블록

메디블록은 블록체인 기술을 헬스케어에 적용하는 것을 목표로 하는 프로젝트였다. 메디블록은 '퀀텀(Qtum)'이라는 암호화폐가 제공하는 블록체인을 통해서 개인의 의료 정보를 안전하고 신속하게 전송할 수 있도록 고안된 프로그램을 만들고 있었다. 이렇게 특정 암호화폐가 제공하는 블록체인을 이용하는 프로그램들을 '디앱(DAPP, Decentralized Application, 탈중앙화된 앱)'이라고 부른다. 즉, 메디블록은 퀀텀이라는 암호화폐의 '디앱'이었다.

처음 메디블록을 접했을 때, 우리에게 떠오른 첫 번째 의문은 '왜 개인의 의료 정보를 군이 블록체인으로 전송하려고 하는 것일까?'였다. 의료 정보를 블록체인을 통해 전송하면 어떤 문제를 해결할 수 있기에 이토록 큰일을 벌이는 것인가. 그런 의문을 예상했는지, 메디블록의 백서에는 '왜 메디블록을 사용하여 개인의 의료 정보를 전송해야 하는지'가 명확하게 서술되어 있었다.

우선, 메디블록을 사용하여 의료 정보를 전송하면 사람들은 예전의 의료 기록을 찾기 위해 굳이 이전에 다니던 병원을 방문할 필요가 없어진다. 예를 들어 당신이 A병원에서 MRI를 찍었는데, 나중에 B병원에서 진찰을 받게 됐다고 해보자. 그럴 때 지금까지는 B병원에서 새로 MRI를 찍거나 A병원에서 MRI 영상이 저장된 USB를 받아 B병원에 제출해야 했다. 그런데 메디블록을 이용하면, 블록체인 네트워크를 통해 A병원에서 찍은 MRI를 B병원으로 간편하게 전송시킬 수 있다.

게다가 메디블록을 이용하면, 개인 정보의 통제권을 철저하게 환자가 가지게 된다는 장점까지 있다. 메디블록을 사용하는 순간, 개인의 모든 의료 정보를 병원에서 저장하고 보관할 필요가 없어지기 때문이다. 블록체인상에 환자의 정보를 암호화해서 집어넣으면, 어느 병원을 방문하더라도 간단하게 이전의 의료 기록을 받아볼 수 있다(물론 MRI 영상자료처럼 덩치가 큰 파일들을 블록체인에 집어넣으면 엄청나게 비효율적이기 때문에 환자의 의료 기록들은 블록체인 바깥에 암호화해서 저장하고, 블록체인상에는 저장된 의료 기록들의 '위치'만을 기록한다).

기존의 병원 서버를 주축으로 한 중앙집권형 데이터베이스에서는 병원 간 데이터 이동도 어렵고, 해킹의 위험에 항상 노출되는 데다가, 환자의 동의 없이도 각종 정보가 활용될 여지가 있었다. 하지만 메디블록은 이런 모든 위험을 제거한 데다가 안전하고 빠르기까지 했다.

앞으로 메디블록을 사용한다면, 병원의 진료 기록 시스템이 이렇게 바뀔 것이다.

우선, 환자가 병원에 왔을 때 의사는 환자에게 의료 기록 열람을 요청한다. 환자가 이에 동의하면, 의사는 블록체인에 접속하여 환자의 의료 정보를 열람한다. 의사는 진료를 마친 후, 새롭게 생성되는 의료 정보를 다시 메디블록의 블록체인에 저장한다. 이렇게 하면 나중에 환자가 다른 병원에 가더라도 현재까지의 진료 기록을 모두 활용할 수 있다.

이처럼 메디블록은 블록체인을 이용하여 환자는 물론이고 서비스를 제공하는 의료인에게까지 큰 도움을 줄 수 있는 프로젝트였다. 의사 입장에서 보았을 때, 메디블록을 활용하면 환자의 과거 기록들을 꼼꼼히 살펴봄으로써 불필요한 중복 검사를 하지 않아도 된다. 환자의 과거 병력 및 검사 자료를 빠짐없이 검토할 수 있으며, 환자의 과거 병력 정보가 미흡해서 발생할 수 있는 의료사고를 예방할 수 있다.

그뿐 아니라 의무 기록을 관리하는 데 들어가는 비용을 줄일 수 있다는 장점도 있다. 의료기관은 의료법상 의무 기록 관리에 대한 책임이 있어서, 법에서 정해진 연수 동안 의료 기록을 폐기하지 않고 보관하여야 한다. 그런데 메디블록을 이용하면 거기에 들어가는 비용 등의 부담을 덜 수 있고, 법적 책임에서도 자유로워질 수 있다.

또한 환자 입장에서는 자신의 소중한 의료 정보가 자신의 동의 없이 타인에게 열람되는 것을 방지할 수 있어서 안심이 된다. 메디블록을 통해 의료 기록을 보관하면 보험회사나 제약회사, 심지어는 정부 기관마저도 환자의 의료 정보를 당사자의 동의 없이 열람하거나 이용할 수 없기 때문이다.

게다가 의료 정보를 제공하고 그 보상을 받는 것이 용이해진다는 장점도 있다. 예를 들면, 신약 개발 등을 위해서 수많은 개인의 의료 정보를 필요로 하는 회사도 있다. 하지만 다수의 개인과 일일이 접촉하여 의료 정보를 얻는다는 건 결코 만만한 일이 아니다. 특히 환자의 과거 병력이나 진료 기록들은 전적으로 환자의 양심에 맡겨야 한다. 그런데 메디블록을 활용하면 회사 측에서는 신뢰할 수 있는 환자 데이터를 빠르게 얻을 수 있다. 또한 정보를 제공하는 환자 측에서는 자신의 의료 정보를 제약회사가 열람할 수 있게 해줌으로써, 그에 합당한 보상을 받을 수 있다. 제약회사뿐만 아니라 보험회사나 연구소 등의 기관들도 메디블록을 통해 안전하고 빠르게 의료 정보를 제공받을 수 있다. 게다가 진료 기록 사본을 발급하거나 CT 사진 등을 복사하는 데 드는 비용도 발생하지 않는다. 의료 기록 제출이 필요한 경우 정보를 필요로 하는 측에서 나의 정보를 열람할 수 있도록 동의만 하면 된다.

메디블록에서는 이렇게 의료 데이터를 송·수신할 때마다 '메디토큰(MED)'이라는 형태의 암호화폐를 사용하여 결제를 하는데, 우리가 투자하려고 하는 것이 바로 이 메디토큰이었다. 메디토큰은 암호화폐처럼 사용자들끼리 서로 주고받을 수도 있고, 시장에서 판매할 수도 있다. 의료 정보를 필요로 하는 곳에서는 이 메디토큰을 시장가에 구입하여 의료 정보 제공자에게 지불하고, 이 토큰이 의료 정보 유통에 기여하는 측에 보상으로 지급된다.

개인의 의료 정보 가치와 메디블록의 가치
—

그렇다면, 이런 정보를 누가 이용하게 될까? 다시 말해, 메디토큰을 지불하는 사람들은 누구일까? 가장 먼저 떠오른 것이 제약회사였다. 예를 들어, 한 제약회사가 신약을 개발하여 대규모의 임상시험이 필요하게 되었다고 해보자. 제약회사 입장에서는 임상시험 대상자가 이전에 어떤 진료를 받았는지 꼼꼼히 확인해야만 의료사고를 예방할 수 있을 것이다. 지금까지 이런 정보는 철저하게 환자 개인의 양심에 맡겨야 했다. 하지만 메디블록을 이용하면, 임상시험 대상자에게 '블록체인에 접근할 수 있도록 허가해달라'고 요청하기만 하면 된다. 환자들은 제약회사가 자신의 블록체인에 접근하게 해주는 대신 메디토큰을 보상으로 받는다. 이런 형태의 지급 시스템은 제약회사뿐만이 아니라 각종 의약 관련 연구소나 보험회사, 병원 등에서도 동일하게 적용할 수 있을 것이다.

이런 사실을 바탕으로 메디토큰의 가치를 정립해보았을 때, 결국 메디토큰의 가치는 '한 개인의 의료 정보의 가치'에 도달하리라는 결론을 내렸다. 메디토큰이 계속해서 활성화되고 점점 더 많은 사람이 메디블록 프로젝트에 참여하게 된다면, 적어도 의료 정보 서비스를 효율적으로 이용하기 위해서는 언젠가 한 사람당 1개 이상의 메디토큰을 보유해야만 할 것이다. 만약 이렇게 된다면, 하나의 메디토큰은 최소한 한 개인의 의료 정보만큼의 가치에 수렴할 가능성이 커질 것이다.

생각이 여기까지 미치자, 나는 과연 한 개인의 의료 정보 이용료가 얼마만큼의 가치를 지니는지를 평가해야 한다는 판단이 들었다. 그래서 여러 가지 자료를 찾아보기로 했다.

우선, 뉴스나 신문기사 등의 각종 자료를 통해 일반적인 수준의 개인 정보가 어느 정도 가치를 지니는지 분석해보았다. 그랬더니 이름, 전화번호, 주소 등의 개인 정보 거래 가격이 1명당 2,000원 수준이라는 기사를 찾을 수 있었다. 한 대형마트가 보험사에 고객들의 개인 정보를 넘기다가 걸렸는데, 1명당 1,980원씩을 받았다는 내용이었다. 비록 안타까운 뉴스였지만, 이 정보를 통해서 나는 메디블록의 가치를 추정하는 데 하나의 힌트를 얻었다.

일반적인 개인 정보가 1명당 2,000원 수준에 거래된다면, 개인의 의료 정보는 반드시 2,000원보다 훨씬 더 높은 수준의 보상을 받아야 함이 분명하다는 점이다. 특히 보험 가입 시 보험사가 가입자로부터 신뢰성 높은 의료 정보를 제공받아야 하는 상황이라면, 적어도 이와 동일하거나 그 이상의 보상을 주어야할 것이다.

즉 내가 세운 이론 대로라면, 1메디토큰(MED)은 아무리 적게 잡아도 2,000원 이상의 가치를 지녀야만 한다. 사실 말이 2,000원이지, 실제 개인 의료 정보는 보험사를 비롯해 연구 목적 등으로 쓰일 때 가치가 더욱 커지기 마련이다. 그러므로 실용화 단계에 따라서 2,000원을 훨씬 뛰어넘는 가치를 지닐 수도 있다는 것이다.

암호화폐 투자, 메디블록 ICO에 뛰어들다
—

여기까지 분석한 나는 메디블록 ICO에 참여할 때의 메디블록 원가를 계산해보기 시작했다. 당시 내가 참여한 메디블록의 2차 ICO는 퀀텀(QTUM)으로만 진행되었고, 1QTUM을 투자하면 2,100MED를 얻을 수 있었다(2,000MED + 보너스 5%).

당시 1QTUM의 가격이 1만 5,000원 수준이었으므로 1MED당 약 7.14원에 매수하는 셈이었다. 세상에! 최소한 2,000원은 뛰어넘을 것으로 보이는 메디토큰이 1MED에 7.14원이라니! 이렇게 싼 가격에 사도 되는 것인가? 나는 당장에라도 내가 가진 돈을 탈탈 털어 모조리 매수해버리고 싶었다. 하지만 메디의 가치가 수천 원까지 오르려면 '메디블록 프로젝트가 성공하여 이 분야의 시장 개척에 성공한다'라는 전제 조건이 충족되어야 하기에, 리스크가 만만치 않았다.

나와 혁민이는 여러 번의 의논을 거친 끝에, 일단 각자 잃어버려도 타격이 없을 만큼의 돈을 메디블록 ICO에 투자하기로 결정했다. 당시에는 암호화폐에 대해서 워낙 아는 것이 없었고

〈그림 1〉 메디블록에 투자하기 위해서 퀀텀을 매수한 내역

분류	거래체결일자	체결수량	체결가격	체결금액	상태
지정가 구매	2017-12-23 20:57	16.65837490	64,740	1,080,083	완료
지정가 구매	2017-12-23 20:57	75.27611620	64,730	4,879,943	완료
지정가 구매	2017-12-23 20:56	6.76373915	64,450	436,578	완료
지정가 구매	2017-12-23 20:56	55.81435270	64,450	3,602,639	완료
지정가 구매	2017-12-21 18:11	64.76560565	77,090	5,000,281	완료
지정가 구매	2017-12-21 12:12	27.80193445	76,900	2,141,181	완료
지정가 구매	2017-11-20 08:50	326.58588525	15,290	5,001,000	완료

리스크가 매우 크다고 생각했기 때문에 일단은 각자 500만 원 정도만 ICO에 투자하고, 나중에 상황을 봐서 2,000~3,000만 원 정도를 더 투자해볼 생각이었다.

우선 ICO에 투자하기 위해서는 메디블록 홈페이지에 가입하여 KYC 절차를 거쳐야 했다. KYC는 'Know Your Customer'의 약자로, ICO에 참가하는 개인들의 신분을 인증하는 절차다. ICO를 통해 자금 세탁을 하거나 탈세 등을 꾀하려는 범죄자들을 막기 위해서 이런 절차를 진행하는 것 같았다. 이후 우리는 거래소에서 퀀텀을 매수하여 개인 지갑에 담았다가, 이를 다시 메디블록 측으로 전송했다.

그렇게 메디블록 ICO는 종료되었고, KYC 인증이 성공했다는 안내 메일을 받았다.

〈그림 2〉 KYC 절차가 끝난 후 메디블록에서 받은 메일

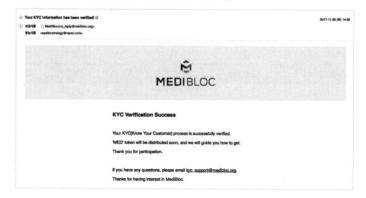

그 뒤, 12월 중순이 되어서 개인 퀀텀 지갑을 통해 메디토큰을 지급받았다. 그렇게 투자한 이후 얼마 되지도 않아서 메디블록은 우리나라의 거래소 중 하나인 코인레일(Coinrail)과 해외 거래소인 게이트(gate.io)에 상장했고, 상장 직후 30~70원의 시세를 유지했다. 메디블록 ICO에 투자하던 당시에 1MED당 7.14원에 매수했으니, 무려 한 달 만에 몇 배의 수익을 내게 된 것이다.

수익을 내서 기쁘긴 했지만, 한편으로는 너무 아쉽다는 생각이 들었다. 만약에 잃어버려도 될 만큼의 돈이 아니라, 정말 우리의 분석을 믿고 전 재산을 메디블록에 쏟아부었다면 어땠을까. 한 달 만에 20대 건물주가 될 기회를 놓쳤다는 사실에 한숨을 푹푹 내쉬어야 했다. 하지만 엄연히 리스크가 있는 투

자였고, 적어도 몇천 원대의 가격을 노리고 들어간 것이기 때문에 연말에 다시 계좌를 열어보자고 다짐하고 일단 메디는 가슴속에(?) 묻어두기로 했다. 다만, 기왕 묻어두는 거 보유량을 100만 단위로 맞추면 계산하기가 편하지 않을까 하는 생각이 들어서 조금만 더 추가 매수하기로 했다.

　원래는 코인레일이라는 한국 거래소에서 메디를 추가 매수하려고 했으나, 당시는 원화 입금이 되지 않던 상황이었기 때문에 해외 거래소인 게이트를 이용하여 퀀텀으로 추가 매수했다.

〈그림 3〉 게이트 거래소에서 메디토큰을 추가 매수한 내역

My Trade History

Time	Type	Pair	Price	Amount	Total
2017-12-26 14:43:37	Sell	QTUM/MED	827.50630974 MED	18.380322 QTUM	18.380322 QTUM
2017-12-26 14:43:35	Sell	QTUM/MED	827.50631104 MED	6.006613 QTUM	6.006613 QTUM
2017-12-26 14:43:35	Sell	QTUM/MED	827.50634408 MED	0.120482 QTUM	0.120482 QTUM
2017-12-26 14:43:29	Sell	QTUM/MED	827.12985939 MED	9.646100 QTUM	9.646100 QTUM
2017-12-26 14:43:18	Sell	QTUM/MED	827.50630977 MED	41.411268 QTUM	41.411268 QTUM
2017-12-26 14:43:18	Sell	QTUM/MED	836.56603774 MED	0.000001 QTUM	0.000001 QTUM
2017-12-26 14:43:14	Sell	QTUM/MED	836.56106512 MED	24.242155 QTUM	24.242155 QTUM
2017-12-26 14:43:14	Sell	QTUM/MED	914.60000000 MED	0.000000 QTUM	0.000000 QTUM
2017-12-26 14:41:57	Sell	QTUM/MED	885.73959256 MED	50.193032 QTUM	50.193032 QTUM
2017-12-21 21:26:14	Sell	QTUM/MED	2,141.28177150 MED	59.841700 QTUM	59.841700 QTUM
2017-12-21 19:35:29	Sell	QTUM/MED	2,173.91304348 MED	4.873874 QTUM	4.873874 QTUM
2017-12-21 13:59:22	Sell	QTUM/MED	2,012.1938500 MED	17.749800 QTUM	17.749800 QTUM
2017-12-21 13:39:49	Sell	QTUM/MED	2,083.3333333 MED	10.002084 QTUM	10.002084 QTUM

하지만 막상 메디를 추가 매수하기 위해 퀀텀을 매수하니 아깝다는 생각이 들었다. 한 달 전만 해도 500만 원에 326QTUM을 샀는데, 이제는 퀀텀의 시세가 많이 올라버려서 같은 돈으로 고작 64QTUM밖에 살 수 없었기 때문이다.

그래도 일단은 매수하기로 했으니, 퀀텀을 조금씩 추가 매수해서 계속해서 메디로 바꾸는 과정을 반복했다. 처음에는 돈을 좀 끌어와서 메디만 500만 개까지 모아볼까 하는 생각도 들었다. 그런데 개당 7.1원에 사던 걸 개당 몇십 원에 살 생각을 하니 뭔가 억울해서 100만 MED까지만 매수하고 그대로 메디는 가슴속에 묻어두었다. 만약에 일시적으로 메디가 추가 하락한다면, 그때는 정말 500만 MED까지 매수할 작정이었다.

평가 금액이 두 달 만에 6억으로
—

하지만 그렇게 가슴속에 묻었던 메디가 며칠 만에 가슴 밖으로 튀어나와 나를 괴롭혔다. 메디블록이 며칠 사이에 갑자기 폭등하여 1MED당 0.007QTUM이라는 가격까지 도달해버렸기 때문이다. 우리가 가지고 있던 100만 MED를 당시 시세로 환산하면, 무려 6억 원을 넘는 평가 금액이었다. '100만 MED가 아

〈그림 4〉 게이트 거래소의 메디토큰 가격 그래프

니라 500만 MED까지 매수했으면 며칠 만에 무려 30억이 넘는 금액이 되었을 텐데!' 라면서 또다시 후회했다. 13년간 투자자로 살아오면서 고작 2개월 만에 이 정도의 수익을 내본 것은 이번이 처음이었기 때문에 당황스럽기까지 했다.

아쉬운 마음에 혁민이에게 "코인은 주식이랑은 다르게 기다려주지를 않는구나"라면서 하소연을 했다. 그러다 보니 10년 전인 2008년, 고등학교 3학년 때 주식 투자를 처음 시작하던 무렵이 떠올랐다.

당시 나는 2005년부터 3년간 매집한 엔화를 팔고 주식 투자의 세계로 넘어왔다. 그런데 주식 투자에 익숙하지 않다 보니 계속해서 큰 기회를 놓치곤 했다. 코스피가 1000을 깨고 내려왔기에 뭘 사도 이익이던 시절이었지만, 당시에는 투자자로서도 사람으로서도 성숙하지 못했기 때문에 계속해서 기회를 놓치고 큰 이익 대신 작은 이익만을 좇는 우를 범했다.

비록 그 뒤로 10년 동안 분발하여 나름대로 노하우도 많이 쌓였고, 미국 유학도 다녀오고, 책도 내고, 회사도 차리면서 열심히 살았지만 항상 마음속에서는 10년에 한 번 온다는 기회를 적극적으로 활용하지 못한 것이 너무나도 분했다. 그 뒤로 만약 또다시 큰 기회가 온다면 그때는 절대 놓치지 않겠다고 다짐하고 또 다짐하면서 살아왔다. 그런데 이렇게 또 아쉬움만 남기고 마는가 하는 생각에 자괴감이 들었다. 메디블록 ICO에 전 재산을 투자하지 못한 것을 후회하고 또 후회했다.

그래도 짧은 기간에 가격이 많이 올랐으니, 일단 수익 실현을 하고 다시 저점 매수를 해야 하나 하는 생각이 들었다. 하지만 지금의 가격 역시 내가 생각한 메디토큰의 최소 가치에는 훨씬 못 미치기 때문에 가지고 있는 메디토큰은 일단 가치에 도달할 때까지는 계속 보유하기로 했다. 사실 당장 매도하고 싶은 마음도 있었지만, 기왕에 길게 보고 투자하는 것인 만큼 제대로 된 투자 기록을 남겨서 나의 가치투자가 옳았다는 것을 증명하고 싶었다.

나는 매도 욕구를 꾹 참고 거래소 창을 닫았다. 만약 나중에 가격이 많이 떨어진다면, 그때는 정말 후회하지 않도록 많은 양을 매수할 생각이다.

블록체인의 미래,
퀀텀에 투자하다

메디블록 ICO가 끝난 직후에 우리가 더 관심을 가진 것은 메디블록이 아니라 퀀텀이었다. 메디블록은 이제 막 ICO가 끝난 상태였고, 결과물이 나오기까지 시간이 필요했기 때문에 성질 급한 우리는 조금 더 빠르게 결과물을 볼 수 있는 암호화폐를 원했다. 우리는 메디블록 ICO가 끝난 직후, 메디블록 ICO를 진행할 때 사용했던 퀀텀을 분석해보기로 했다.

그 이유는 다음과 같다. 메디블록의 대표는 서울과학고 동창으로, 치과의사인 고우균 대표와 영상의학과 전문의인 이은솔 대표가 만든 기업이다. 이들은 의사임과 동시에 뛰어난 프로그래머이기도 하다. 그토록 뛰어나고 똑똑한 사람들이 왜 일반적으로 쓰이는 비트코인이나 이더리움이 아닌, 퀀텀만으로 1, 2

차 ICO를 진행했는지 궁금했던 것이다.

우리가 메디블록을 믿고 투자할 수 있었던 이유는 메디블록을 이끌어가는 사람들이, 돈 버는 데 혈안이 되어서 ICO의 성공에만 급급해하는 기존의 기업인들과는 질적으로 달랐기 때문이다. 특히 당시 메디블록 오픈 카톡방에서 진행된 대표와의 대화를 통해서 이 두 대표가 신념이 확고하고, 똑똑하지만 겸손하며, 절대 서두르지 않고 장기적인 플랜에 따라 철저하게 일을 진행한다는 것을 느낄 수 있었다.

이렇게 똑똑하고 철두철미한 사람들이 가장 대중화된 비트코인이나 이더리움이 아닌 퀀텀으로 ICO를 진행했다면, 거기에는 분명 이유가 있을 것이었다. 이들은 분명히 수년 뒤의 먼 미래를 내다보고 퀀텀을 골랐을 것이라는 확신이 들었다. 생각이 여기까지 미치자, 우리는 퀀텀의 백서를 다운받아서 본격적으로 분석을 해나가기 시작했다.

도대체 퀀텀이란 게 무엇이고, 누가 무슨 목적으로 만들었으며, 여타 코인들과는 어떤 점이 다를까? 우리는 우선 퀀텀에 대해서 기본적인 조사부터 시작했다.

빠르게 가치를 높여가는 신생 암호화폐, 퀀텀

—

퀀텀은 2016년 3월에 시작된 암호화폐 프로젝트였다. 2017년 3월경에 크라우드펀딩을 받았으며, 2017년 9월경에 메인넷을 런칭하며 정식으로 출시된, 세상에 나온 지 얼마 되지 않은 따끈따끈한 암호화폐였다. 퀀텀 코인은 총 1억 개가 발행되었고, 현재는 약 70%인 7,000만 개가량이 유통되고 있다. 신생 화폐임에도 가치가 빠르게 올라가서 당시 코인마켓캡(CoinMarketCap: 세계 최대의 암호화폐 정보 사이트)에 등록된 수천 개의 암호화폐 중에서 시가총액 16위(2018년 1월 5일 기준)를 기록했다. 정식으로 메인넷이 가동된 지 채 몇 개월이 지나지 않았음에도 상당히 빠른 속도로 치고 올라온 느낌이었다.

퀀텀은 2016년 중국 출신 패트릭 다이(Patrick Dai)가 지휘하는 개발팀이 만든 암호화폐다. 패트릭 다이는 중국 CAS(Chinese Academy of Sciences)에서 컴퓨터공학 박사 학위를 받았으며, 비트코인 채굴 관련 일을 했고, 블록체인 산업에서 풍부한 경험을 가지고 있었다. 또한 알리바바의 알리페이(Alipay) 최고 분석가로 일한 경력도 있다. 2017년 〈중국 포브스〉에서 '30세 이하 영향력 있는 인물 30인'에 선정되기도 했다. 또한 패트릭 외에 퀀텀 개발진도 우수한 인재들이었다. 각각의 이력을 살펴보면 알리바바, 바이두, 텐센트, 나스닥 등의 글로벌 대기업에서 일한 경력이 있는 전문가들이었다. 일단 이 정도면 개발진에 대한 신뢰는 어느 정도 확보되었다는 판단이 들었다. 이제 기술적인 부분을 분석해볼 차례였다.

우리는 퀀텀의 공식 홈페이지에 들어가서 백서를 열고, 읽고 또 읽었다. 그렇게 몇 번이나 읽고 분석해본 결과, 결국 앞으로 암호화폐가 실용화 단계까지 도달한다면 가장 중요한 것은 '실제 세상과의 연결이 가능한가?'라는 점임을 깨닫게 되었다. 어쩌면 당연한 것이었다. 암호화폐는 일차적으로 블록체인 네트워크를 유지하기 위한 수단으로 존재하는 것이고, 결국 핵심은 '그런 블록체인 네트워크를 이용해서 과연 어떤 가치를 창출할 수 있는가?'이기 때문이다.

그리고 이런 점들을 패트릭을 비롯한 퀀텀의 뛰어난 개발진이 인식하고 이해하고 있으며, 이미 퀀텀 내에 이런 부분을 모두 적용했다는 사실에 소름이 돋았다. 퀀텀은 블록체인이 실용화 단계에 접어들었을 경우까지 대비하여, 철저하게 플랫폼 코인으로서의 준비를 마친 것이다. 이런 퀀텀의 실용 가치는 '마스터 콘트랙트(Master Contract)'라는 개념 속에 잘 녹아들어 있었다.

마스터 콘트랙트를 쉽게 요약하면, 우리가 살아가는 현실 세계에서 사용되는 각종 정보(화폐 송금부터 시작하여 의료 정보, 각종

IoT 관련 기계들의 신호 등)를 받아들여서 이를 퀀텀의 블록체인을 통해 전송이 가능하도록 만들어주는 기능을 말한다. 예를 들어 개인의 의료 정보를 퀀텀의 블록체인 네트워크를 통해 전송하면 해킹이나 조작의 위험 없이 안정적으로 전송할 수 있는 것처럼 말이다.

퀀텀의 가치 창출은 어디까지 가능할까

과연 이런 것을 이용해 어느 정도의 가치를 창출할 수 있을까 생각해보니, 정말 끝이 없었다. 단순하게만 생각해봐도 적용되지 않는 분야를 찾기가 힘들었다. 모든 금융 서비스부터 시작하여 부동산, 게임, 의료 서비스, 각종 사물인터넷 등 보안과 무결성이 필요한 모든 분야에 활용될 수 있다.

극단적이지만 이해하기 쉬운 예를 들어보겠다. 당신의 집에 스마트폰으로 조작이 가능한 온도조절기를 설치했다고 해보자. 만약 당신이 설정해놓은 온도값을 단순하게 서버를 통해 전송하고 있다면, 해당 서버가 해킹을 당할 경우 방 온도의 통제권은 해커들의 손으로 넘어갈 것이다. 이런 경우 생각보다 치명적인 문제가 발생할 수 있다. 강제로 방 온도를 최대로 높여 금전적인 타격을 줄 수도 있을뿐더러, 당신이 잠든 사이에 갑자기 방 온도를 최하로 낮추어서 건강에 치명적인 타격을 줄 수도 있기 때문이다. 만약 집 안에 노쇠하고 병든 사람이 있는데 방 온도의 통제권을 해커에게 빼앗긴다면, 최악의 경우 사망 사고가 발생할 수도 있을 것이다.

그런데 이런 온도조절기의 설정값을 퀀텀의 블록체인 네트워크를 통해서 전송한다면 어떻게 될까? 해커가 방 온도의 통제권을 가져가기 위해서는 퀀텀 블록체인의 절반 이상을 동시에 해킹해야 한다. 하지만 이미 퀀텀의 노드 수는 상당히 높은 수치로 유지되고 있기 때문에 사실상 해킹이 불가능한 상태다. 즉 외부의 정보를 퀀텀의 블록체인을 통해 보낸다면, 별도의 큰 비용 없이 데이터의 무결성을 획득할 수 있다는 얘기다.

물론 IoT 관련 상품들을 개발하는 기업에서 자체적으로 블록체인을 만들 가능성도 있다. 하지만 블록체인이 무결성을 갖추기 위해서는 수많은 노드가 필요한데, 이를 위해서 자체적으로 블록체인 네트워크나 코인을 만들고 유지할 기업이 얼마나 될까? 아마 없을 것이다. 배보다 배꼽이 더 큰 상황이 발생하기 때문이다. 퀀텀의 디앱이 되는 것만으로도 비용을 절감하면서 데이터의 무결성과 홍보 효과까지 얻을 수 있는데, 굳이 자체 개발을 할 필요가 있을까?

게다가 퀀텀은 모바일 친화적인 시스템을 제공한다는 강점까지 가지고 있다. 우리는 컴퓨터보다 스마트폰을 더 많이 사용하는 시대에 살고 있다. 만약 암호화폐를 이용한 결제가 일상화된다면, 우리는 당연히 스마트폰에 들어 있는 암호화폐 지갑을 이용하여 결제할 것이다. 그러나 스마트폰은 저장공간이 작기 때문에 기존의 데스크톱용 암호화폐 지갑을 다 집어넣는 데는 한계가 있다. 따라서 모바일에서 암호화폐를 이용해 거래하려면, 지갑이 차지하는 저장공간이 작아야 한다.

그래서 퀀텀은 SPV(simple payment verification, 단순 계약증명) 프로토콜을 이용하여 지갑을 가볍게 만들었다. 이렇게 가볍게 만들면, 후에 IoT를 구현하는 데에도 큰 역할을 할 것이다. IoT를 구성하는 전자기기들은 보통 크기가 작고, 저장공간의 한계가 있기 때문이다. 퀀텀의 SPV는 IoT 기기들의 작은 저장공간으로도 스마트 계약(188쪽 참조)이 작동할 수 있도록 도와줄 것이다.

또한 퀀텀이 가진 또 다른 기술적 장점은 암호화폐의 실용화 과정에 맞춰서 지속적으로 속도를 개선할 수 있도록 확장성을 열어두었다는 것이다. 기존 암호화폐들의 가장 큰 문제점은 사용자가 많아질수록 점점 처리 속도가 느려진다는 것이다. 처리 능력은 정해져 있는데 사용자가 계속해서 늘어나다 보니, 점점 거래가 지연되고 수수료도 비싸진다. 퀀텀 측은 이런 점도 예상했다. 그래서 별도의 복잡한 작업 없이 네트워크의 성능을 언제든지 추가로 업그레이드할 수 있도록 만들어놓았다. 지금의 퀀텀은 이미 이론적으로 비트코인의 10배, 이더리움의 3배이상의 처리 속도를 지니고 있다. 현재는 이런 거래 속도로도 충분하지만 퀀텀의 사용자가 많아질수록 더 많은 처리 능력이 필요해질 것이다. 퀀텀 측은 퀀텀 자체의 속도를 언제든지 개선할 수 있기 때문에 이용자가 계속해서 늘어나더라도 빠른 처리 속도를 유지할 수 있는 것이다.

드디어 퀀텀 투자를 결심하다

—

이런 점들을 종합해보았을 때, 암호화폐가 본격적인 실용화 단계에 이른다면 궁극적으로 블록체인의 미래는 플랫폼 코인인 퀀텀으로 집결될 것이라는 강한 확신이 들었다. 이미 수많은 블록체인 실용화 프로젝트가 퀀텀을 적극 이용하고 있다는 사실이 이를 증명하고 있었다. 그리고 이렇게 퀀텀의 블록체인을 통한 데이터 전송량이 늘어날수록 퀀텀의 가치도 당연히 상승할 수밖에 없다.

게다가 퀀텀은 중국 국적의 패트릭이 개발한 코인이 아닌가. 기축통화의 자리를 호시탐탐 엿보는 중국 정부가 이 기회를 놓칠 리가 없다고 생각했다. 위안화는 달러화에 비해 아직 범용성과 신뢰성에서 한계가 있지만, 퀀텀이라면 그 한계를 뛰어넘을 수 있는 위치까지 올라와 있다. 시간이 문제일 뿐, 암호화폐 시대의 기축통화이자 표준 규격으로 성장해나갈 잠재력이 충분한 것이다.

퀀텀에 대한 모든 분석이 끝난 후, 드디어 우리는 퀀텀의 가치를 이해했고, 매수를 결심했다.

윤혁민의 퀀텀 투자 이야기
—

총 네 번에 걸쳐서 퀀텀을 매수했다. 첫 번째 매수는 퀀텀의 수장인 패트릭이 UN에서 주관하는 포럼인 IGF(Internet Governance Forum)에 연사로 참여한다는 소식을 듣고 진행했다. 수중에 얼마 없는 돈을 다 털어 퀀텀을 샀다. 12월 초 당시 매수 평균 단가는 1만 5,200원이었다. 2016년에 이더리움이 순식간에 1만 원대를 벗어나던 것처럼 퀀텀도 재빠르게 오르리라 생각하면서 당분간 묻어두기로 했다.

〈그림 5〉 혁민의 첫 번째 퀀텀 매수 내역

| 지정가구매 | 2017-12-04 19:50 | 263.28278255 | 15,170 | 4,000,000 |
| 지정가구매 | 2017-12-04 18:36 | 117.47062935 | 15,300 | 1,800,001 |

그 후 얼마 지나지 않아, 시카고옵션거래소(CBOE)의 비트코인 선물 거래 도입이 예정되어 있다는 뉴스를 접했다. 암호화폐 역사상 첫 번째 제도권 파생상품이었기 때문에 많은 이들이 비트코인의 가격 변화에 주목하고 있었다. 풋옵션에 베팅하는 사람이 많아서 비트코인의 거품이 꺼지고 가격이 내려갈 것이라고 생각하는 사람이 많았다. 결국 그런 대중의 심리적 불안감으로 인해 비트코인의 가격이 내려갔고, 비트코인을 기축통화로 하는 많은 알트코인의 가격 또한 동반 하락했다.

퀀텀도 예외는 아니었다. 나는 이미 더는 하락할 수 없다는 확신으로 당시 통장 잔고를 모두 털어서 퀀텀을 사둔 상태였기 때문에 기분이 썩 좋지는 않았다. 하지만 이번 하락은 일시적인 것이고, 비트코인이 '선물 거래'라는 파생상품 제도권 내로 들어옴에 따라 시간이 지나면 가격이 안정화되리라 생각했다. 게다가 마침 패트릭이 퀀텀 투자자들에게 큰 이익을 줄 '중대한 발표'가 있을 거라고 이야기한 터였으므로 그를 믿고 기다리기로 했다. 기다리다가 마음이 심란할 때는 퀀텀 커뮤니티 사이트에 들어가곤 했다. 퀀텀 커뮤니티 사이트의 글들을 읽어보니, 나와 같은 판단으로 나보다 먼저 들어와 버티고 계시는 투자자분들이 있었다. 그분들이 쓴 글은 나의 불안한 마음을 차분하게 가라앉히는 데 도움이 되었다.

그렇게 시간을 보내다 보니 하락장이 끝났다. 하락장이 끝나고 회복되자마자 나는 퀀텀을 추가 매수했다. 이번이 두 번째 투자였다. 여유자금이 이미 바닥난 상황이라 마이너스통장을 이용한 레버리지(leverage: 빚을 내서 하는 투자) 투자를 진행하기로 결심했다.

레버리지를 결심하게 된 계기는 단순했다. 유나이티드비트코인(UnitedBitcoin, UB) 측에서 퀀텀 보유자들에게 UBTC라는 암호화폐를 에어드롭(airdrop)할 예정이라고 패트릭이 이야기했기 때문이다. 에어드롭이란 새로운 암호화폐(예컨대 UBTC)가 출시될 때, 기존의 암호화폐(비트코인, 이더리움, 퀀텀 등)로부터 기술적 도움 등을 받은 것에 대한 대가로 기존 암호화폐 보유자들에게 새로 출시할 암호화폐를 공짜로 지급하는 것을 말한다.

이런 에어드롭에는 코인별로 정해진 '비율'과 '스냅샷'이라는 개념이 있다. 이번 UBTC 에어드롭에서 비트코인을 보유한 사람은 1:1 비율로 UBTC를 받게 되어 있었고, 퀀텀은 100:1의 비율로 받게 되어 있었다. 예를 들어 내가 100BTC를 보유하고 있다면 100UBTC를 받게 되며, 100QTUM을 보유하고 있다면

1UBTC를 받을 수 있는 것이다. 이렇게 에어드롭을 받기 위해서는 특정 시점에 '내가 이만큼의 코인을 가지고 있었다' 라는 사실을 증명하면 되는데, 이를 위해 '스냅샷'을 찍게 된다.

스냅샷이란 에어드롭을 지급하는 측에서 개개인의 암호화폐 보유량을 파악하기 위해 특정 시점에서의 블록 데이터를 기록해두는 것이다. 예를 들어 2017년 12월 18일 자정에 퀀텀의 스냅샷을 찍는다고 하면, 2017년 12월 18일 자정을 기준으로 블록 데이터를 기록한다는 얘기다. 그러면 그 시점에 누가 얼마만큼의 퀀텀을 소유하고 있는지를 알 수 있을 것이다. 만약 A라는 사용자가 2017년 12월 18일 자정까지는 퀀텀을 지갑에 보유하다가, 19일에는 퀀텀을 다른 곳으로 모두 옮겼다고 해도 18일에 찍힌 스냅샷에는 퀀텀을 소유하고 있는 것으로 나오기 때문에 정해진 비율로 에어드롭을 받을 수 있다. 이런 이유 때문에 스냅샷 전후로 일시적인 시세의 변동이 올 수 있는데, 이는 주식의 배당이 끝나고 배당락이 발생하는 것과 비슷한 원리다.

퀀텀 지갑에 대한 스냅샷은 2018년 1월 3일에 이루어질 것으로 추정되었다. 당시 UBTC 가격은 400달러 정도였으며, 퀀텀 보유자들은 퀀텀 100개당 UBTC 1개를 받을 예정이라고 알려져 있었다. 당시의 원화 가치로 계산해보면, 1,000QTUM당

약 400만 원의 배당금을 받는 셈이었다. 당시 나는 두 가지 호재, 즉 패트릭이 예고한 중대 발표와 UBTC 에어드롭으로 퀀텀 가격이 연말까지 최소 3만 원은 넘어갈 것이라고 추측했다. 설사 퀀텀의 가격이 오르지 않고 1만 5,000원만 유지한다고 해도 스냅샷 시기까지 퀀텀을 들고 있으면 마이너스통장의 이자를 감당하고도 충분히 남는 장사라고 생각했다.

당시 나는 마이너스통장을 2개 가지고 있었으며 각각의 대출 한도는 5,000만 원이었다. 즉, 최대한으로 레버리지를 사용할 경우 최대 1억 원까지 투자할 수 있었다. 마음 같아서는 1억 원을 모조리 투자하고 싶었지만, 처음부터 1억 원을 다 투자하기엔 심리적으로 부담이 되었기 때문에 우선은 한 통장에서 4,700만 원을 꺼내 거래소로 옮겼다. 그렇게 평균 단가 1만 6,000원에 약 2,900개의 퀀텀을 샀다.

산술적으로는 득실을 쉽게 따져볼 수 있었지만, 레버리지를 결심하고 실제로 행동에 옮기기는 사실 쉽지 않았다. 두려움 때문이었다. 기껏 대출받아 투자했는데 잘못되어 빚쟁이가 돼버리면 어떡하나 하는 생각에 망설여졌다. 그 두려움이 현실이 될 가능성은 작았다. 하지만 그 작은 가능성이 주는 두려움은 나의 판단력을 흐리게 하고도 남았다.

그렇게 레버리지를 두고 고민하던 때, 나의 오랜 친구이자 투자 선생님이면서 이 책의 공동 저자이기도 한 김산하의 부탁을 받았다. '리스크를 감당할 줄 알아야 한다' 라는 내용의 글을 썼는데, 그 글을 검토해달라는 것이었다. 돌이켜보면, 고민하는 나의 모습을 보고 있던 산하가 리스크를 감당하라고 이야기해주고 싶었던 게 아닐까 싶다.

산하의 글을 읽어보면서 인생 자체가 리스크의 연속임을 깨달았다. 투자의 근거에 확신이 생겼다면, 리스크를 감당할 줄 알아야 한다는 그의 말에 크게 공감했다. 나 또한 산하가 지금까지 꾸준하게 리스크를 감당하며 자신의 사업과 투자를 진행하는 것을 봐왔다. 친구의 글은 그의 삶을 나타내고 있었다. 그렇게 나는 레버리지를 활용하기로 결심했다.

'만약' 이란 건 있을 수 없지만, 지금 돌이켜봤을 때 만약 당시 내가 쓸 수 있는 레버리지를 전부 끌어다 썼다면 분명히 더 큰 수익을 냈을 것이다. 하지만 당시의 나는 혹여나 잘못되더라도 내가 감당할 수 있는 수준만큼의 빚을 내 투자를 하기로 결심했기 때문에 큰 아쉬움은 없었다. 지나치게 욕심을 부리기보다는 내가 이겨낼 수 있는 두려움의 크기만큼만 마음의 짐을 지기로 했다.

그로부터 3일 뒤, 퀀텀을 추가 매수했다. 당시 시카고상품거래소(CME)에서 며칠 뒤 비트코인 선물 거래를 도입할 예정이었

〈그림 6〉 혁민의 두 번째 퀀텀 거래 기록 중 일부

지정가구매	2017-12-13 07:55	122.29028900	16,330	2,000,000
지정가구매	2017-12-13 07:38	390.01380045	16,050	6,269,125
지정가구매	2017-12-13 07:38	116.79853900	16,050	1,877,433
지정가구매	2017-12-13 07:37	319.29623615	16,090	5,145,194
지정가구매	2017-12-13 07:37	69.42465218	16,090	1,118,721
지정가구매	2017-12-13 07:37	1.19829985	16,090	19,310
지정가구매	2017-12-13 07:37	505.23840390	16,100	8,146,558
지정가구매	2017-12-13 07:36	29.59369717	16,090	476,878
지정가구매	2017-12-13 07:36	68.02031625	16,090	1,096,091
지정가구매	2017-12-13 07:31	185.20507505	16,120	2,989,991
지정가구매	2017-12-13 07:31	167.20192035	16,140	2,702,693
지정가구매	2017-12-13 07:29	69.89070645	16,150	1,130,431
지정가구매	2017-12-13 07:26	88.37014565	16,090	1,424,012
지정가구매	2017-12-13 07:26	250.81710915	16,090	4,041,710
지정가구매	2017-12-13 07:25	69.89200450	16,100	1,126,952
지정가구매	2017-12-12 23:15	102.51369845	15,200	1,560,549
지정가구매	2017-12-12 23:14	98.17072270	15,250	1,499,353
지정가구매	2017-12-12 20:50	163.15350210	15,300	2,499,999
지정가구매	2017-12-12 20:43	120.78624845	15,500	1,874,999

다. 지난번 시카고옵선거래소의 비트코인 선물 도입을 앞두고 전체 암호화폐 가격이 내려가는 것을 경험했기 때문에 퀀텀의 가격이 또 내려가면 남은 마이너스통장 대출 한도를 긁어모아 평균 단가를 더 낮출 계획이었다. 하지만 나의 예상은 보기 좋게 빗나갔다. 2차 투자가 끝난 후 얼마 지나지 않아 퀀텀 가격이 2만 원 초반까지 오른 것이다. 가격은 한번 오름세로 바뀌더

니 무섭게 상승했다. 몇 개월간 지속된 긴 횡보를 마친 퀀텀이 드디어 기지개를 켜고 일어나려는 것 같았다. 강력한 호재를 바탕으로 굳건한 매수세가 형성돼 가격을 2만 원 밑으로 내려가지 못하게 떠받치고 있었다. 초기 목표가였던 '연말까지 3만 원'은 쉽게 도달할 것으로 보였다.

당시 2차 매수 이후로 퀀텀을 3,400개 정도 보유하고 있었는데, 3,500개로 개수를 맞추고 싶었다. 그래서 마이너스통장에서 돈을 더 꺼내어 평균 단가 2만 1,000원에 추가 매수를 했다. 그리고 다음 날, 자고 일어나니 퀀텀의 가격이 3만 원을 넘어가 있었다. 퀀텀의 호재들이 홍보가 되어서 투자자들의 관심을 끌기 시작한 것이다.

'연말까지 3만 원'이라는 나의 예측은 기분 좋게 빗나갔다. 호재가 시세에 반영되는 데에는 그렇게 긴 시간이 필요 없었다. 암호화폐 시장은 주식 시장과는 다르게 밤과 낮, 주중과 주말 구분 없이 열려 있다. 장이 열려 있는 시간으로만 비교해보았을 때 코인 시장의 2일(48시간)은 주식 시장의 1주일(동시호가, 시간 외 단일가까지 모두 포함하면 약 47시간)과 맞먹는다. 그만큼 코인 시장이 변화하는 속도는 주식 시장에 비해 빠르고, 그 변화가 언제 일어날지 예측이 어렵다. 당시 나는 그 점을 잘 알지 못했던 것이다.

그렇게 세 번째 투자까지 마친 뒤 퀀텀 투자를 할 기회가 더는 없을 것 같았지만, 나는 또다시 퀀텀에 투자하게 되었다. 네번째 퀀텀 투자는 3일에 걸쳐 이루어졌다. 세 번째 투자 이후로 주말 내내 퀀텀은 3만 원 초반대에서 기반을 다지고 있었다. 호재가 공식적으로 발표되지 않았음에도 그 기대만으로 가격이 100% 올라버린 채로 유지되고 있었다. 그러나 나는 지금까지의 상승은 시작에 불과하며, 패트릭이 이야기했던 '중대한 발표'가 공식적으로 나오면 퀀텀의 가격은 급등할 것이라고 확신했다. 퀀텀 가격이 내가 처음 투자했던 때에 비해 이미 2배가 넘었지만, 나는 끌어모을 수 있는 현금을 다 투입해 퀀텀을 더 구입하기로 결심했다. 퀀텀에 올인하기로 마음먹은 것이다.

　이번 올인 결정은 처음 4,700만 원 대출을 결심했던 것보다 어렵지 않았다. 기존 투자금이 이미 100% 수익을 냈고 그 순수익이 6,000만 원 정도였기 때문이다. 순수익만큼의 안전마진이 생겼기 때문에 지금 추가 매수 후 시세가 소폭 하락하더라도 손실을 메울 수 있다고 판단했다.

　목표가를 '연말까지 5만 원'으로 수정했다. 목표가를 올렸다는 것은 곧 3만 원대에 퀀텀을 사도 가격 상승의 여지가 충분하다고 판단했다는 뜻이다. 나는 끌어모을 수 있는 레버리지를 최대한 끌어모아 또 다른 투자금 5,500만 원을 만들었고, 평균

지정가구매	2017-12-18 11:32	62.86276420	32,200	2,027,222
지정가구매	2017-12-18 11:19	65.63240350	32,100	2,109,965
지정가구매	2017-12-18 11:18	133.68857952	32,200	4,306,051
지정가구매	2017-12-18 11:18	45.97070000	32,250	1,482,555
지정가구매	2017-12-18 11:18	38.62850000	32,250	1,245,769
지정가구매	2017-12-18 11:18	2.66930000	32,250	86,085
지정가구매	2017-12-18 11:18	64.61730000	32,300	2,087,139
지정가구매	2017-12-18 11:18	51.56070000	32,300	1,665,411
지정가구매	2017-12-18 11:18	127.75250000	32,300	4,126,406
지정가구매	2017-12-18 11:18	42.47160000	32,300	1,371,833
지정가구매	2017-12-18 11:18	138.59550000	32,350	4,483,564
지정가구매	2017-12-18 04:24	304.42114873	32,800	10,000,002
지정가구매	2017-12-17 00:57	4.74170000	31,700	150,312
지정가구매	2017-12-17 00:57	46.66820000	31,700	1,479,382
지정가구매	2017-12-17 00:57	213.96860000	31,700	6,782,805
지정가구매	2017-12-17 00:44	26.27750000	31,750	834,311
지정가구매	2017-12-17 00:44	23.72250000	31,750	753,189
지정가구매	2017-12-16 22:09	293.19250000	34,080	9,992,000

단가 약 3만 2,000원에 퀀텀 약 1,700개를 샀다. 네 번의 투자를 종합해보면, 약 2주에 걸쳐서 1억 1,000만 원으로 평균 단가 2만 1,000원에 퀀텀 약 5,200개를 매수한 셈이다.

네 번째 투자는 원래 5일 동안 나누어서 할 계획이었다. 한 번에 투자하고 끝내고 싶었지만, 통장의 1일 이체 한도가 1,000만 원으로 제한되어 있었기 때문에 분할 매수를 할 수밖에 없었다. 매수를 결정하고 1일 이체 한도를 꽉 채워 주말 동안 매수를 진행했는데, 마음 한편으로는 불안했다. 세 번째 투자에서 느꼈듯 시장의 흐름은 매우 빠른데, 계획한 추가 매수량을 다 채우지 못한 채 가격이 상승할까 봐 걱정이 된 것이다. 불안함에 주말 내내 잠을 설쳤다. 이래선 안 되겠다 싶어서 1일 이체 한도를 최대 한도로 바꾸었다. 그뿐 아니라 청약통장외에 있던 적금도 모두 깨서 추가 매수에 힘을 보탰다. 그만큼 나는 강한 확신이 있었다. 퀀텀이 가진 잠재적 가치를 생각한다면, 5만 원은 쉽게 도달하고도 남을 것이라고 생각했다.

다행히도 매수한 날 오전까지는 퀀텀이 3만 원대 초반에서 횡보하고 있었다. 나는 끌어올 수 있는 자금을 다 모아서 퀀텀을 샀고, 매수를 완료하고 나서야 비로소 마음을 놓을 수 있었다. 이제는 퀀텀 가격이 내가 생각한 가치에 맞는 자리를 찾아가는 모습을 지켜보기만 하면 되었다. 나와 같은 생각을 가진 사람들이 많았던 것인지, 추가 매수가 끝나기가 무섭게 퀀텀 가격이 치솟았다.

그날 유나이티드비트코인 홈페이지에 에어드롭에 대한 공식 공지가 발표됐다. 아마 UBTC 에어드롭에 대한 기대가 몰리면서 가격이 급등한 게 아닐까 생각된다. 만약 그날 목표한 물량만큼 매수를 완료하지 못했다면 땅을 치고 후회했을 것이다.

그날 이후로 3만 원이라는 가격은 역사 속의 한 장면이 되어버렸기 때문이다. 나는 네 번째 투자를 통해, 결심을 했으면 지체하지 말고 바로 실행에 옮겨야 한다는 것을 배웠다.

그렇게 추가 매수를 한 이후로 퀀텀은 7~8만 원대까지 올랐다. 단기간에 수억 원의 순수익을 낸 나는 의기양양하여 그 주 금요일에 부모님께 퀀텀에 투자하고 있다는 사실을 말씀드렸다. 그러나 마이너스통장을 1억이나 사용해서 투자했다는 사실을 들으신 부모님은 걱정이 이만저만이 아니었다. 또 공교롭게도, 말씀드리고 난 그날 밤 패닉 셀(panic sell: 공포에 질려 이성적 판단 없이 매도하는 행위) 현상이 나타나 퀀텀의 가격이 7만 원에서 5만 원까지 약 40%나 내려갔다. 당시 퀀텀에 관한 악재가 있어서 그런 것은 아니었다. 부모님을 안심시켜 드리기 위해 악재가 없어도 가격이 내려갈 수 있음을 내가 가진 최선의 지식으로 연휴 내내 설명해드렸다.

외국에서는 대부분의 알트코인이 BTC(비트코인)를 기축통화로 삼아 거래된다. 기축통화인 비트코인의 가격이 내려가면 알트코인들의 가격도 같이 내려가는 경우가 흔했다. 비트코인의 거래 속도가 거래량을 따라잡지 못하는 것이 비트코인의 가격 하락을 유도한 것으로 보였다. 나중에 시장이 안정화되고 전체 시장에서 비트코인이 차지하는 비중이 줄어들면 비트코인과 그 밖의 알트코인들은 독립적으로 움직이리라 생각한다.

암호화폐에 대해 전혀 모르시던 부모님이 아들 때문에 한동안 암호화폐를 열심히 공부하셨다. 변동폭이 큰 암호화폐 시장을 보면, 어느 부모님이라도 마이너스 대출까지 받아가며 투자하는 아들을 걱정하지 않으려야 안 할 수가 없을 것이다. 하지만 나는 퀀텀의 미래 가치에 대한 확신이 있었기에 부모님의 염려가 격려와 응원으로 바뀌도록 계속 설득하고, 그 가치를 이해시켜드리려고 노력했다. 암호화폐, 그리고 퀀텀의 가치가 빠르게 인정받는 날이 왔으면 하고 생각했다. 크리스마스에 선물 대신 걱정거리를 한가득 안겨드린 나는 반드시 큰 수익을 내서 부모님께 효도해야겠다고 마음먹었다.

그러는 동안, 패트릭이 이야기했던 '중대한 발표'가 1월로 연기되었다. 게다가 1월 3일에 일시불로 지급될 줄 알았던 UBTC 에어드롭은 유례없는 '48개월 분할지급 정책'으로 투자자들의 혼란을 야기하기도 했다. 그럼에도 퀀텀의 가격은 계속 7만 원 부근에서 횡보했다. 시세에 큰 영향을 미치진 못했으나 중간중간 패트릭이 전해주는 뉴스들은 퀀텀에 계속 기대감을 갖게 했다. 퀀텀이 바오펑(Baofeng)이라는 회사와 협약하여 블록체인 최초로 5만 개 이상의 노드를 구축할 예정이라는 뉴스가 있었다. 그 외에 여러 연구 협약에 대한 뉴스도 있었다. 패트릭은 꾸준히 블록체인 관련 행사에 참석하는 등 자기 일을 꾸준히 해나갔다.

그렇게 지루한 횡보를 겪던 와중에 1월로 미루어진 '중대한 발표'가 공개되었다. '치후360(Qihoo 360)'이라는 중국 보안 소프트웨어 개발업체와 퀀텀의 협약 소식이었다. 내심 기대했던 BAT, 즉 바이두(Baidu), 알리바바(Alibaba), 텐센트(Tencent)와의 협약은 아니었지만 치후360은 중국 IT기업 중 5위(1~3위가 BAT)의 대기업이다. 자국 내 컴퓨터 및 모바일 보안 시장에서 높은 점유율을 차지하고 있으며, 시가총액만 놓고 비교할 때 현대차의 약 2배 규모에 달하는 대기업이다.

치후360과의 협약 이후로 퀀텀의 시세는 한때 12만 원까지 도달했다가, 국내외 규제 여파에 의해 다시 하락한 채로 유지 중이다. 하지만 결국 시간이 가면 갈수록 퀀텀은 진정한 가치를 인정받을 날이 올 것이라고 믿는다. 이더리움이 세계 주류 대기업들과의 협약을 통해 가치를 인정받고 있는 것처럼, 퀀텀도 이번 대기업 협약을 시작으로 중국 내 여러 기업과 협약을 맺음으로써 아시아의 이더리움이 되리라 기대한다.

김산하의 퀀텀 투자 이야기

—

혁민이가 빠르게 기회를 잡아서 퀀텀에 투자한 것과 달리, 나는 당시 메디블록에 투자한 직후에 두바이를 다녀오면서 투자에 신경을 쓸 겨를이 없었다. 두바이에서 돌아온 이후에는 바로 밀린 회사 일을 해결한 후 일본으로 출국해야 했기 때문에 퀀텀의 시세에는 전혀 신경을 쓰지 못했다. 12월 말에 귀국해서 매수하면 되겠다고 막연하게 생각하고 있었다. 어차피 언젠가는 한 번쯤 매수 기회를 줄 것이라 생각했기 때문에 '원하는 가격이 오기 전까지는 절대로 비싼 가격에 사지 않겠다' 라고 고집을 부렸다.

하지만 아쉽게도 퀀텀은 나를 기다려주지 않았다. 일본에 도착해서야 퀀텀이 이미 9만 원대까지 폭등해버렸다는 사실을 알게 되었다. 오랫동안 가치투자만 해온 투자 습관상 시세 확인을 자주 하지 않고 매수든 매도든 항상 여유를 가지고 느긋하게 하는 편인데, 그 잠깐 사이에 1만 원대에서 놀던 퀀텀이 9만 원대까지 폭등한 것을 보고 깜짝 놀랐다. 코인은 주식과 달리 투자자들을 기다려주지 않는다는 점을 다시 한 번 깨닫고 크게 후회했다.

하지만 퀀텀의 미래 가치를 생각해보면 지금의 가격대도 충

지정가구매	2017-12-28 14:21	0.09805270	58,200	5,715	완료
지정가구매	2017-12-27 23:55	190.36587943	67,150	12,792,881	완료
지정가구매	2017-12-27 23:52	22.68860000	67,180	1,524,220	완료
지정가구매	2017-12-27 23:52	7.42780000	67,180	566,180	완료
지정가구매	2017-12-27 23:51	7.43936914	67,220	500,074	완료
지정가구매	2017-12-27 23:51	18.07953086	67,210	1,215,125	완료
지정가구매	2017-12-27 23:51	19.18010000	67,220	1,289,286	완료
지정가구매	2017-12-27 23:51	148.60000000	67,220	9,988,892	완료
지정가구매	2017-12-27 23:51	20.71440000	67,220	1,392,422	완료
지정가구매	2017-12-27 23:28	2.00000000	67,100	134,200	완료
지정가구매	2017-12-27 23:28	0.01660000	67,100	1,114	완료
지정가구매	2017-12-27 23:28	1.93720000	67,100	129,986	완료
지정가구매	2017-12-27 23:24	46.84316208	67,100	3,143,176	완료
지정가구매	2017-12-27 23:24	119.43163792	67,100	8,013,863	완료
지정가구매	2017-12-27 23:24	3.43159106	67,100	230,260	완료
지정가구매	2017-12-27 23:24	4.51410000	67,100	302,896	완료
지정가구매	2017-12-27 23:24	1.38730000	67,100	93,088	완료
지정가구매	2017-12-27 23:24	29.27200894	67,100	1,964,152	완료
지정가구매	2017-12-27 23:23	31.10040000	67,100	2,086,837	완료
지정가구매	2017-12-27 23:23	1.98450000	67,100	133,160	완료
지정가구매	2017-12-27 23:23	3.02720000	67,100	203,125	완료
지정가구매	2017-12-27 23:23	5.52410000	67,100	370,667	완료
지정가구매	2017-12-27 23:15	11.10390000	67,230	746,515	완료
지정가구매	2017-12-27 23:12	108.22280000	67,250	7,277,983	완료
지정가구매	2017-12-27 23:11	50.26830000	67,270	3,381,549	완료

분히 매력적이라고 생각했기에, 하루에 한 번 정도씩 퀀텀의 가격을 지켜보면서 때를 기다렸다. 결국 기회를 엿보다가 6만 원대 내외로 조정을 받을 때부터 퀀텀을 매수하기 시작했다.

사실 몇 주의 간격을 두고 천천히 매수하고 싶어서, 처음엔 하루에 500~1,000만 원 정도씩 천천히 매집을 시작했다. 하지만 크리스마스 직전부터 갑자기 중국계 거래소의 퀀텀 거래 비중이 늘어나기 시작했다. 그 점을 포착한 후에는 혹시나 하는 생각에 하루에 5,000~6,000만 원까지 매집량을 늘렸고, 결국 계획보다 빠른 속도로 매수를 마무리했다.

이미 나는 메디블록 투자를 통해 상당히 큰 안전마진을 확보해놓은 상태였기 때문에 망설일 것이 없었다. 비록 매수를 마무리한 다음 날 갑자기 정부에서 거래소를 폐쇄하겠다는 내용의 규제를 발표하는 바람에 일시적인 폭락이 있었고, 그 뒤로도 계속해서 암호화폐에 대한 부정적인 여론이 쏟아지며 위태위태한 길을 걷고 있지만 크게 신경 쓰지는 않았다. 오히려 하락을 기회로 삼아, 적금을 든 것처럼 주기적으로 퀀텀을 매수하고 있다. 내가 원하는 목표가에 도달할 때까지는 현금이 생길 때마다 쉬지 않고 적립식으로 투자할 계획이다. 또한 퀀텀만이 아니라 가치 있는 암호화폐들을 발굴하는 작업도 멈추지 않을 생각이다.

3장

당신이
암호화폐 투자를
시작한다면

투자를 시작하기 전,
이것만은 기억하자

이번 장에서는 암호화폐 투자를 시작하기 전에 유의해야 할 사항들에 대해 이야기해보려 한다. 암호화폐 시장은 주식 시장 등 역사가 오랜 시장과 달리 아직 미숙한 부분이 많다. 미국, 일본 등 전 세계인이 참여하는 시장이므로 낮과 밤, 평일과 주말의 구분이 의미가 없고 365일 24시간 열려 있다. 또한 상한가나 하한가 제도가 없기 때문에 다른 투자 시장에 비해 변동성이 매우 크다. 변동성이 큰 만큼 단기간에 큰 수익을 내는 사람들이 있고, 그만큼 크게 손해를 보는 사람들도 있다.

이 변화무쌍한 시장에서는 우리가 생각하는 호재나 악재가 시세에 바로 반영되지 않을 때도 있다. 또 정치적 상황 등 외부 환경적 요인들에 영향을 받아 시세가 요동치기도 한다. 자금이 많은 일부 세력이나 채굴업자들, 기타 큰손(고래) 투자자들에 의해 시세가 조종되기도 한다. 암호화폐 시장은 좀더 성숙해져야한다. 시장이 충분히 성숙해지기까지는 많은 시간이 필요할 것이다.

특히 한국 암호화폐 시장은 수요는 많은데 공급이 받쳐주지 못하고 있다. 그래서 같은 암호화폐라도 한국에서 더 비싸게 팔리는 '김치 프리미엄'이라는 용어가 생기기도 했다. 암호화폐에 대한 수요는 쉽사리 줄어들지 않을 것이다. 넘치는 수요로 인한 프리미엄을 없애려면 공급을 늘려야 한다. 국내에서 암호화폐 채굴이 늘어나든지, 아니면 외국에서 암호화폐를 수입하든지 해야 김치 프리미엄이 해소될 것이다.

아직 기회는 남아 있다
—

암호화폐 시장에 참여하고자 하는 사람들은 단기간에 많은 수익을 내기를 바라겠지만, 세상에 공짜는 없다는 사실을 명심해야 한다. 다른 사람들이 단기간에 큰돈을 벌었다는 뉴스를 보면서, 돈 참 쉽게 번다며 부러워만 하고 아무런 행동을 취하지 않는다면 당신은 아직 투자할 준비가 되지 않은 것이다. 투자의 기회는 누구에게나 공평하게 주어지기에 당신도 그들처럼 투자를 통해 큰 수익을 낼 수 있었다. 다만, 수익을 낸 사람들이 결코 거저 얻은 것이 아님을 명심해야 한다. 그들이 큰 수익을 낸 데에는 그럴 만한 이유가 있다. 지금 수익권에 들어온 사람들은 대부분 몇 번의 폭락과 불확실성을 버티고 버텨온 사람들이다. 우리는 그들의 경험을 토대로 자신만의 올바른 투자 방법을 정립해야 한다.

《기요사키와 트럼프의 부자》라는 책에 따르면, 부의 양극화는 계속 심해질 것이고 부자가 되지 못한다면 가난하게 살게 될 것이라고 한다. 그래서 부자가 되어야 한다고 기요사키와 트럼프는 이야기한다. 물론 꼭 암호화폐 투자만이 부자가 되는 길은 아니다. 암호화폐 이외에도 주식, 부동산 등의 다양한 투자자산을 고려해볼 수 있을 것이다. 그러나 암호화폐는 우리에게 찾아온 좋은 투자 기회임이 분명하다. 이미 수익률이 어느 정도 고착화된 주식이나 부동산과는 달리, 여전히 새로운 성장 동력이 남아 있는 투자자산이기 때문이다. 4차 산업과 블록체인 기술이 상용화되기까지는 아직 많은 시간이 남아 있다. 그동안 암호화폐 시장은 더 성장할 것이고, 그만큼 기회가 많다고 믿는다.

암호화폐 초기 투자자들은 어떻게 수익을 낼 수 있었을까?

가장 큰 이유는 그들이 선구자였기 때문이다. 초기 투자자들은 다른 사람들보다 먼저 암호화폐의 가치에 대해 공부하고 받아들였다. 나는 비트코인 가격이 2,000만 원을 넘나드는 것을 보고 나서야 왜 비트코인을 2,000만 원이나 주고 사는 사람이 있는지 궁금해졌다. 그래서 비트코인이 법정 화폐에 비해 가지고 있는 기술적 장점이 무엇인지 찾아보았다. 법정 화폐의 역할을 암호화폐가 대신할 수 있을지, 블록체인 기술과 암호화폐의 연관성은 무엇인지 공부했다. 그 결과 블록체인 기술이 4차 산업혁명의 핵심 기술이 될 것이므로 암호화폐는 투자할 가치가 충분하다고 결론 내렸다. 그렇게 뒤늦게 암호화폐 시장의 성장 가능성을 깨닫고 시장에 참여했다.

얼마 전 방송 프로그램 〈그것이 알고 싶다〉 '비트코인 편'에 수백억대의 자산가가 된 투자자들이 나왔다. 물론 어느 정도 운도 따랐겠지만, 그들은 선구자였기 때문에 막대한 수익을 낼 수 있었다. 만약 그들이 암호화폐의 가치를 이해하지 못했다면, 작은 수익이 나자마자 혹시나 하락할까 무서워서 팔아치웠을 것이다. 그들은 가치를 믿고 리스크를 감당했기 때문에 그토록 놀라운 수익을 거둔 것이다.

두려움을 이기려면, 이해하고 기다려야 한다

—

낯선 것에 대한 두려움, 무지로 인한 두려움은 인간 본연의 감정이다. 특히 암호화폐 투자는 아직도 많은 사람에게 낯설다. 나도 처음 시작할 때 두려움을 느꼈다. 초기 투자자들도 비슷한 과정을 거쳤을 텐데, 지식적 근거와 합리적 믿음을 바탕으로 두려움을 잘 달랬을 것이다.

두려움이 이성적 판단을 앞서지 못하게 해야 한다. 이게 말처럼 쉽지는 않다. 먼저, 자신이 투자하고 있는 암호화폐의 가치를 굳게 믿고 있어야 한다. 귀중한 자산을 안심하고 암호화폐에 투입하려면 암호화폐에 대한 신뢰가 바탕이 되어야 한다. 신뢰는 개념에 대한 이해에서 나온다. 그렇기에 이 책에서는 암호화폐의 기본 개념에 대한 이해를 돕고자 했다. 개념에 대한 공부가 당신의 암호화폐 투자에 디딤돌이 되어줄 것이다.

암호화폐의 선구자들이 수익을 낼 수 있었던 또 다른 이유는 그들에게는 충분한 인내심이 있었기 때문이다. 나보다 몇 개월, 또는 몇 년 앞서 암호화폐 투자를 시작한 사람들은 그동안 주변 사람들에게 쓸데없는 짓 한다고 무시당했을 것이다. 심지어는 투자한다는 사실조차 얘기하지 못했을 것이다. 새로운 것을 먼저 받아들이고 긴 시간 동안 인내한 그들의 고생을 생각한다면, 누구도 그들의 투자를 함부로 깎아내릴 수 없다.

이더리움은 2017년 3월부터 2018년 1월 초까지 괄목할 만한 성장을 이뤘다. 그러나 이더리움을 굳게 믿고 지지하며, 초반부터 이 시점까지 버텨온 사람은 많지 않을 것이다. 주변에 새로운 암호화폐가 계속 나오고 가격이 급등했다는 소식을 들으면서 조바심도 났을 테고, 결국 다른 암호화폐로 옮겨탄 사람도 많을 것이다. 그럼에도 이더리움의 가치를 믿고 끝까지 인내한 사람들은 지금의 수익을 누릴 수 있었다. 인내는 쓰고 열매는 달다.

가치투자를 쉽게 할 방법을 찾자
—

암호화폐 시장에 참여하고자 한다면, 제2의 이더리움이 될 암호화폐를 찾아야 한다. 이더리움도 중간에 여러 가지 변수 탓에 폭락을 경험하기도 했다. 그러나 가치가 있으면 결국 인정받는다. 암호화폐 투자를 생각하고 있다면, 우선은 공부하고 판단하여 좋은 암호화폐를 골라야 한다. 그리고 당신이 선택한 암호화폐를 믿고 꿋꿋이 버텨야 한다. 판단 끝에 투자를 마쳤다면 시세창을 *끄자*. 시장 전체의 흐름을 판단하고자 하는 게 아니라면, 시세창은 아예 쳐다보지 않는 것이 좋다. 시세창을 보면서 당신이 미처 사지 못한 암호화폐들과 비교하며 단기간의 수익률에 연연하는 것은 투자를 실패로 끌고 가는 일이다. 조바심낼 필요가 없다.

그리고 주변에서 다른 암호화폐로 큰 수익을 냈다는 사람이 있으면 진심으로 축하해주자. 그래야 나중에 당신의 암호화폐가 수익이 났을 때도 축하받을 것이다. 다른 암호화폐의 가격이 올라서 너무 아쉬울 것 같으면, 조금씩 분산투자 하면 된다. 내가 강조하고 싶은 건, 가치 있는 것은 언젠가는 그 가치에 걸맞은 가격을 찾아간다는 것이다.

가치투자를 하고 싶은데 인내심이 부족하다면, 암호화폐를 개인 지갑에 보관하는 방법을 추천한다. 암호화폐를 개인 지갑에 보관해두면 당장의 시세에 덜 신경 쓰게 된다. 나는 인내심이 부족해서 암호화폐를 개인 지갑에 보관해야만 하는 사람이다. 얼마 전, 메디토큰이 전송이 잘 되는지 궁금해져서 시험 삼아 5만 MED 정도를 거래소에 보내본 적이 있다. 그렇게 거래소에 보내놓고 '잘 보내지네' 라고 생각한 뒤에 전혀 신경을 쓰지 않고 살았다. 그러다가 얼마 전 메디가 오르는 것을 보면서 거래소에 보관하던 5만 MED만 팔아서 수익을 내면 어떨까 생각했다.

2018년 1월 8일 메디의 시세는 0.002QTUM이 되지 않았다. 하루 만에 얼마나 오르겠나 싶어서 시세보다 30% 높은 금액에 매도를 걸어두고 잤는데, 다음 날 메디 시세가 100% 넘게 올라 0.004QTUM이 넘어갔다. 당연히 내 5만 MED는 자는 사이에 팔려버렸고, 나는 70%가량의 추가수익을 놓쳤다. 물론 얼마 되지 않는 금액이었기 때문에 타격을 입지는 않았지만, MED를 지갑에 보관하고 있었으면 이런 불상사는 없었을 것이다. 암호화폐를 거래소에 보관하면 나도 모르게 매도 또는 매수 버튼에 손가락이 간다. 진정 가치투자를 하고 싶다면, 암호화폐는 되도록 개인 지갑에 보관하여 나와 같은 불상사를 겪지 않길 바란다.

감당할 수 있는 만큼 투자할 때 리스크를 이길 수 있다

—

또 한 가지 더 당부하고자 한다. 암호화폐가 본격적으로 화제가 되기 시작할 무렵부터, 각종 신용대출과 마이너스통장 대출이 급증했다는 뉴스를 봤다. 아마 이런 대출의 급증 현상이 100% 암호화폐 때문이라고 할 수는 없겠지만, 분명히 어느 정도의 연관성은 있으리라고 생각한다. 이렇게 돈을 빌려서 투자하는 방식을 레버리지 투자라고 한다. 적은 돈으로 큰 수익을 내기 위해서 빚을 지렛대 삼아 투자하는 방법이다. 나는 레버리지 투자가 나쁜 방법이라고 생각하지 않는다. 투자수익을 극대화할 수 있는 한 가지 방법이다. 다만 문제는, 레버리지를 사용하면 원금이 손실되었을 때 그 심리적인 압박이 훨씬 더 크다는 것이다.

그래서 당부드리고 싶은 점은 확실한 근거와 그에 대한 굳건한 믿음이 없이 무작정 대출받아 투자하지 말라는 것이다. 또한 레버리지를 활용하더라도 반드시 본인의 수입으로 감당할 수 있을 정도만 투자할 것을 권한다. 수익을 낼 것이라고 예상하고 무리하게 투자했다가 빚을 감당하지 못하게 될 경우, 정말 위험한 상황에 처할 수도 있다.

또한 아직 투자가 익숙하지 않다면 절대로 무리하지 말고, 최대한 신경 쓰이지 않을 만큼의 자산 범위 내에서 투자하기를 바란다. 자본금을 늘리는 일은 경험과 근거가 충분해지고 나서 해도 늦지 않다. 아니 오히려 그렇게 해야만 수업료를 덜 내게 된다.

투자를 성공시키기 위해서 가야 하는 길은 생각보다 험난하다. 투자자산들이 절대로 당신을 하루아침에 부자로 만들어주지 않는다. 투자자산들은 계속해서 당신의 인내심과 믿음을 시험할 것이다. 이런 흔들림 속에서 살아남아 수익을 만끽하기 위해서는 반드시 스스로 감당할 수 있는 만큼만 투자해야 한다.

암호화폐,
가치투자가 답이다

암호화폐에 투자하려고 한다면, 반드시 가치투자를 해야 한다고 조언하고 싶다. 특히 암호화폐의 높은 변동성을 활용하여 단타나 데이트레이딩을 하는 경우를 쉽게 접할 수 있는데, 이런 암호화폐 단기 투자는 최대한 지양하는 편이 좋다.

암호화폐를 가지고 단기 투자를 하지 말아야 하는 가장 큰 이유는 애꿎게 시간만 낭비할 수 있기 때문이다. 단기 투자는 매수나 매도 타이밍을 잡기 위해서 쉴 틈 없이 호가창을 바라보고 있어야 한다. 특히 암호화폐 시장은 24시간 열려 있기 때문에 투자자의 의지가 대단하지 않은 이상 잠을 잘 때조차도 시세 변동에 계속 신경이 쓰이게 된다.

이렇게 온종일 호가창만 바라본다면, 당연하게도 일상이 망

가질 수밖에 없다. 시간은 무엇보다 값진 자산이다. 아무리 많은 돈을 가지고 있어도 살 수 없는 것이 바로 시간이다. 이 사실을 절대 간과해서는 안 된다. 엠제이 드마코는 《부의 추월차선》에서 자유로운 삶을 즐기기 위해서는 시간적 여유가 있어야 하고, 시간적 여유를 얻기 위해서는 부자가 되어야 한다고 이야기한다. 그러나 단타는 거꾸로, 돈을 벌기 위해 시간을 버리는 행위다.

경제적인 풍요로움을 통해 무엇을 얻고 싶은가를 먼저 생각해보라. 돈 자체가 인생의 목적이라면, 더는 할 이야기가 없다. 하지만 경제적 풍요로움을 통해 조금 더 나은 삶을 살고자 하는 것이라면, 가치투자를 해야 한다. 돈이 많든 적든 상관없이, 당신의 시간은 소중하고 돌이킬 수 없다. 단타를 통해 시간도 잃고 돈마저 잃는다면, 그보다 최악의 시나리오는 없을 것이다. 당신이 지금 전업 투자자의 길에 뛰어든다 하더라도 성공하리란 보장은 없다.

매우 안타까운 사실은 도박에 중독되듯 암호화폐 단타에 중독된 사람들이 있다는 것이다. 그저 돈이 된다고, 베팅하듯이 단타에 뛰어드는 것은 절대 금물이다. 단타에는 중독성이 있다. 손가락 몇 번의 움직임으로 단기간에 돈을 버는 재미에 맛들이면 누구도 도와줄 수 없다. 그것은 누가 봐도 투기다. 투기에 빠지면 조바심 때문에 언제 어디서나 시세창을 보고 있게 된다. 온 마음과 정신을 암호화폐 매매에 신경 쓰느라 현재 삶의 중심을 놓치는 일이 없기를 바란다. 설사 그렇게 해서 운 좋게 큰돈을 벌었다 해도 투기에 중독되어 헤어나오지 못한다면 무슨 소용이 있겠는가.

가치투자가 더 현명한 투자법인 이유
—

단타를 하지 말아야 하는 또 다른 이유는 대체로 단타보다 가치투자가 수익률이 더 좋기 때문이다. 만약 당신이 숙달된 전문 트레이더이고 투자를 할 때마다 수익을 낼 수 있다면, 당연히 단타를 함으로써 단기간에 더욱 큰 수익을 낼 수 있을 것이다. 아직은 변동성이 큰 시장이기에 실제 데이트레이딩으로 재미를 보는 사람들이 꽤 있긴 하다. 하지만 문제는 투자하는 것마다 매번 수익을 내기란 정말 어려운 일이라는 것이다. 대부분의 단기 투자자가 특정 구간에는 크게 돈을 벌지도 모르겠지만, 투자 횟수가 늘어나면 늘어날수록 실패 확률도 그만큼 늘어난다.

　트레이딩으로 돈을 버는 것은 정말 쉽지 않은 일이다. 트레이딩으로 돈을 번 사람들을 언론 등에서 자주 접할 수 있는 이유는 돈을 번 사람들만 나오기 때문이다. 돈을 벌지 못한 사람들은 지금도 어딘가에서 조용히 살아가고 있다. 많은 사람이 트레이딩을 통해 짧은 시간에 큰돈을 벌 수 있을 것으로 생각하고 도전하지만, 대부분은 성공하지 못한다.

트레이딩은 한두 번 실수하면 크게 잃을 수 있으므로 전문가가 아닌 이상 주의해야 한다. 전문가도 아니면서 자신이 단타에 일가견이 있다고 착각하는 사람들이 있다. 그러나 시장을 이길 수 있는 개미는 거의 없다. 돈을 잃으면 잃은 대로, 속상한 마음에 아쉬움이 남는다. 심지어 운이 좋아 단타로 수익을 내더라도 '조금 더 벌 수 있었는데'라는 아쉬움을 느끼기 마련이다. 그러다가 한 번 크게 물려서 막대한 손실이 나면, 아쉬워서 손절매도 하지 못하는 사태가 발생한다. 최악의 시나리오는 자금이 물려버리는 바람에 좋은 투자 기회가 눈에 보이는데도 참여하지 못하는 것이다.

물론 단타로도 수익이 나는 경우가 있다. 그러나 단타 수익보다는 가치투자로 장기간 들고 있는 게 수익률이 더 좋은 경우가 훨씬 많다. 투자 종목을 갈아치울 때마다 성공할 수는 없기 때문이다. 만약 가격이 상승하는 암호화폐로 계속해서 옮겨다닐 수 있다면, 그렇게 해도 무관하다. 하지만 그렇게 매번 성공적으로 옮겨 다니기란 사실상 불가능에 가깝고, 설사 가능하다고 해도 의외로 그냥 가만히 들고 있는 것보다 수익률이 높지 않다는 것을 발견하게 될 것이다.

실제로 암호화폐가 상승장일 때 가장 많은 돈을 번 사람들은 이리저리 옮겨 다닌 단기 투자자가 아니라, 초기에 코인을 매수하여 아무것도 하지 않고 그냥 내버려 둔 사람들이었다. 심지어 이렇게 내버려 둔 사람들은 트레이딩을 하느라 본인의 시간을 허비하지도 않았다. 그저 일상을 즐기며 살다 보니 자동으로 돈이 돈을 벌어다 준 것이다. 이런 이유로, 정말 단타에 뛰어난 감각을 갖춘 사람이 아닌 한 투자한 뒤에는 그냥 묻어두고 잊어버리기를 추천한다.

그렇게 하려면, 반드시 여유자금으로만 투자해야 한다. 우리는 항상 시장 앞에서 겸손해야 한다. 시장은 예측 불가능하다고 생각하고 투자에 임하는 것이 여러모로 도움이 될 것이다.

돈을 버는 과정도 행복해야 한다

—

옥석 고르기를 마친 가치투자자는 더는 시세를 확인할 필요가 없다. 다만 크게 시세 하락이 있을 경우, 투자한 암호화폐 자체의 가치가 떨어진 것이 아닌지는 살펴보아야 한다. 다시 말해 시세 하락의 원인이 투자한 암호화폐의 기술적인 악재나 설립자 및 개발팀과 관련된 것인지 확인해야 한다. 그게 아니라 외부적 요인에 의한 것이라면, 시간이 지남에 따라 자연스레 회복될 것이므로 걱정하지 않아도 된다. 반면 시세 하락의 원인이 암호화폐 자체의 문제라면, 투자를 지속해야 하는지 신중하게 고민해보아야 한다.

투자를 마친 가치투자자는 제시한 로드맵대로 개발팀이 일을 잘 하고 있는지 확인해야 한다. 만약 개발팀을 더는 신뢰할 수 없다면, 투자하고 있던 암호화폐를 과감하게 정리해야 한다.

가치투자자는 자신의 삶에 충실할 수 있다. 나는 가치투자자이기 때문에 본업인 의료업에도 충실할 수 있다. 몸이 아파 병원을 찾았는데, 의사가 환자 앞에서 암호화폐 시세나 신경 쓰고 있다면 어떤 기분이 들겠는가. 나 같아도 그런 의사에게 진료받고 싶지는 않을 것이다. 직장에서도 마찬가지다. 시세창만 보고 있는 직원을 달가워할 상사는 아무도 없다.

가치투자자는 당장의 시세에 연연할 이유가 없으므로 본업에 충실할 수 있다. 그뿐 아니라 가족이나 친구, 주변 사람들에게 신경 쓸 마음과 시간적 여유가 있다. 돈은 언제든지 벌 수 있지만, 인간관계는 그렇지 않다고 생각한다. 가치투자를 하면, 투자를 통해 돈을 벌면서도 주변의 가까운 사람들과 원만한 인간관계를 유지할 수 있다.

지금 할 일을 하자
—

나는 암호화폐나 그 외 투자를 통해 큰돈을 번다고 해서 직업이 의미가 없다고 생각하지 않는다. 직업은 돈을 버는 수단이기도 하지만, 헌법 제32조에서 명시하는바 국민의 4대 기본의무 중 '근로의 의무'를 다하는 것이기도 하다. 각각의 직업은 사회를 이루는 데 꼭 필요하다. 직업을 가진다는 것은 사회 구성원으로서 사회에 꼭 필요한 일을 각자가 성실하게 담당한다는 의미가 있다. 또한 직업은 자아를 실현하는 수단이기도 하다. 나 또한 의사로서 환자를 진료하고, 치료해서 환자가 회복되는 과정을 지켜보는 것은 경제적인 것과 관계없이 나에게 매우 큰 의미가 있다.

다만, 투자를 통해 부를 얻게 되면 경제적인 여건에 대한 고민 없이 자신이 하고 싶은 일을 할 수 있다. 그만큼 여유시간이 생기기 때문이다. 즉, 투자로 확보한 경제적 자유를 통해 직업이외에 또 다른 나의 꿈들을 이루어나가고 자아를 실현해나갈 수 있다. 나는 작가가 되고자 하는 또 다른 꿈이 있다. 작가가 되려면 아직 갈 길이 멀지만, 그래도 이번 투자를 통해 작가의 길로 한 걸음 나아갈 수 있어서 매우 만족스럽다.

암호화폐 시장은 아직 블루오션이다. 수천 개의 암호화폐가 우후죽순처럼 생겨나고 있는, 지금이 바로 블루오션이다. 블록체인 기술을 다양한 분야에 접목하려는 수많은 암호화폐와 디앱이 지금도 출사표를 던지고 있다. 그중에서 상용화를 이루어낸 일부만 살아남을 것이다. 시장의 선택이 끝나면 세상을 바꿀 일부 암호화폐가 높은 지위를 차지하게 될 것이며, 그때는 레드오션이 될 것이다. 그러므로 우리가 지금 해야 할 일은 5년 뒤, 10년 뒤에도 살아남을 암호화폐를 고르고, 그것에 투자하는 것이다.

어떻게 옥석을
가릴 것인가

닷컴 버블을 기억하는가? 1990년대 말부터 2001년까지 닷컴 버블 당시, IT 기술이 세상을 바꾸리라는 믿음을 가진 수많은 투자자가 IT기업들의 주식을 샀다. 지나고 보면 분명 IT 기술이 오늘날 우리의 삶에 지대한 영향을 끼쳤지만, 이런 실적을 내기까지 많은 시간이 걸렸다. 아마존닷컴 등 일부 기업을 제외하고는 닷컴 버블 당시 실적을 내지 못한 수많은 기업의 주식은 휴짓조각이 되어버렸다. 우리의 기억 속에만 남아 있는 라이코스(Lycos)처럼 말이다.

지금의 암호화폐도 닷컴 버블 때와 비슷한 움직임을 보이고 있다. 수많은 암호화폐가 블록체인 기술을 통해 세상을 바꾸겠다고 도전장을 내밀고 있고, 사람들은 투자와 투기를 구분하지 못한 채 열광하고 있다. 블록체인 기술과 암호화폐는 우리 삶을 바꾸는 미래 가치임이 분명하다. 그러나 블록체인 기술이 모든 사업 분야에서 적용되리라는 보장은 없고, 그마저도 실생활에 적용되는 데에는 많은 시간이 필요할 것이다. 실적이 없는 암호화폐는 닷컴 버블 때 휴짓조각이 된 기업들과 같은 길을 걷게 될 것이다.

그러니 우리는 아마존닷컴의 사례를 참고하여 끝까지 살아남아 실적을 낼 암호화폐를 골라야 한다. 그렇게 살아남은 암호화폐는 우리 삶에 지대한 영향을 미칠 것이다. 그래서 옥석 가리기가 중요하다.

옥석 가리기의 바이블, 백서
—

옥석 가리기에서 제일 먼저 해야 할 것은 백서를 읽어보는 것이다. 백서는 암호화폐의 사업계획서와 같다. 주식 투자를 할 때 재무제표를 확인해보는 것처럼, 암호화폐 투자를 할 때는 반드시 백서를 읽어봐야 한다. 어느 암호화폐든지 공식 홈페이지에 들어가면 백서가 제시되어 있다.

투자를 하기에 적절한 암호화폐인지 아닌지를 구분하려면

다음 제시하는 네 가지 조건을 반드시 확인해야 한다.

〈암호화폐 투자 체크리스트〉

1. 암호화폐가 해결하고자 하는 문제점은 무엇인가?
2. 백서에서 제시하는 해결 방안이 적절한가?
3. 이 암호화폐를 사용하고자 하는 사람들은 누구인가?
4. 이 암호화폐에 투자했을 때 투자자는 어떤 이익을 얻을 수 있는가?

이 네 가지 조건을 앞서 이야기했던 메디블록의 백서를 예로 들어 간단히 설명해보겠다.

1. 메디블록은 현행 의료기관 중심의 의료 정보 관리 체계에서 발생하는 문제점을 개선하려 한다.
2. 블록체인 기반 의료 정보 플랫폼으로 의료 소비자는 자신의 의료 정보에 대한 소유권, 관리 권한을 갖게 된다. 의료 공급자 및 의료 정보를 얻고자 하는 연구기관이나 기업은 소비자의 승인을 통해 신뢰성 높은 의료 정보를 제공받는다.
3. 의료 소비자와 공급자, 연구자, 사업자 모두가 참여하며

모두에게 이익이 된다.

4. 투자자는 메디토큰을 지급받으며, 이 암호화폐는 의료
   비·약제비·보험료 등을 지불하는 수단 등으로 사용할
   수 있다.

대표와 개발진을 신뢰할 수 있는가

—

백서 파악이 끝났다면, 그다음에는 해당 암호화폐의 대표(CEO)
와 개발진에 대한 정보를 찾아보아야 한다. 그리고 이들이 신
뢰할 만한 사람인지를 판단해야 한다. 아무리 좋은 사업계획서
라도 사업을 진행하는 사람의 능력에 따라 결과가 천양지차일
수 있기 때문이다. 대표와 개발자들의 이력을 찾아보고, 언론
과의 인터뷰를 참고하는 것도 도움이 된다. 팀의 어드바이저를
확인해보는 것도 좋다. 나는 메디블록과 퀀텀 팀을 신뢰할 수
있었기 때문에 투자를 결정했다.

메디블록은 치과의사 고우균, 영상의학과 의사 이은솔 두 공
동대표가 창립한 프로젝트다. 이들의 이력은 그동안 삶을 성실
하게 살아온 사람임을 증명하는 하나의 지표로 볼 수 있었다.
또한 안정적인 전문직의 삶을 포기하고 스타트업에 뛰어든 이

들의 열정과 확신은 사업을 추진하는 데 강력한 동기가 될 것으로 봤다. 메디블록은 서울대와 아주대 등의 유명 교수진이 어드바이저로 참여하고 있으며, 암호화 기술력을 가진 뉴사이퍼(Nucypher)와 제휴를 맺고 있었다. 이런 점들을 종합해서 볼 때, 메디블록 팀을 신뢰할 수 있다고 판단했다.

퀀텀 팀을 신뢰하게 된 과정도 이와 비슷하다. 퀀텀 설립자 패트릭 다이와 리드 개발자 조던 얼스(Jordan Earls), 샤오롱 쑤(Xiaolong Xu) 또한 매우 능력 있는 사람들이다. 학력이나 경력 등 어느 것 하나 흠 잡을 데가 없다. 암호화폐 미디어인 해시드포스트(Hashedpost), 테크벌리언(Techbullion) 등에서 진행된 인터뷰를 확인해보면 이 개발자들의 블록체인 기술에 대한 철학을 느낄 수 있다. 또한 퀀텀 프로젝트에 대한 이들의 강한 열정과 야망을 엿볼 수 있다. 퀀텀은 블록체인 생태계에서 권위 있는 투자자 로저 버(Roger Ver)가 후원하고 있으며, 제프리 워닉(Jeffrey Wernick)이라는 40년 경력의 투자자가 어드바이저로 참여하고 있다. 워닉은 다보스 포럼에 토론자로 참석할 만큼 권위를 인정받고 있다.

ICO 단계에서 투자할 때와 이미 상장된 암호화폐에 투자할 때

—

퀀텀과 메디블록뿐만 아니라 어떤 암호화폐를 살 때도 이와 같이 백서와 개발팀 확인 과정을 반드시 거쳐야 한다.

내가 퀀텀을 접한 건 퀀텀이 상장된 지 수개월이 지나고 시장에서 어느 정도 인지도가 형성된 때였다. 나는 그만큼 퀀텀에 관한 정보나 뉴스 등을 접하기가 쉬웠다. 그러나 메디블록은 달랐다. ICO 단계에서 참여한 것이기 때문에 메디블록 측에서 배포하는 정보에 전적으로 의존해야 했다. 어느 ICO든 주최 측에서 배포하는 참고자료는 일정 부분 편향되어 있을 수 있기 때문에 자료의 중립성이나 공신력이 떨어질 수 있음을 고려해야 한다. ICO에 투자하고자 한다면, 이미 상장된 코인에 투자할 때보다 더욱 꼼꼼하게 살펴야 한다는 뜻이다. 닷컴 버블 시기에 투자를 받고 실적을 내지 못한 기업들이 수두룩했던 것처럼, 현재 진행 중인 ICO 중 상당수가 비슷한 절차를 밟을 것이기 때문이다.

ICO는 흔히 말하듯 고위험 고수익(High risk high return)의 전형적인 예라 할 수 있다. ICO 투자가 성공하면 어마어마한 수익을 누릴 수 있다. 하지만 현재 진행 중인 ICO 중 90% 이상은 형체도 없이 사라질 것이고, 여기에 많은 자산을 투자한 사람들은 절망에 빠질 것이다. 그래서 ICO는 정말 신중하게 고르고 골라 가치가 있고 시장성도 있다고 확신이 드는 것에만 참여해야 한다. 그리고 ICO에 투자할 때는 잃어도 부담이 안 될 정도의 금액으로만 참여할 것을 권한다.

이미 거래소에 상장되어 있으며, 프로젝트를 진행하고 있는 암호화폐에 투자할 계획이라면, 해당 암호화폐 개발팀이 제시하는 로드맵을 확인해봐야 한다. 로드맵은 구체적일수록 좋다. 로드맵을 보면 무엇을 언제까지 이루어내겠다는 비전이 제시되어 있을 것이다. 로드맵대로 프로젝트를 잘 진행해나가는 암호화폐 개발팀은 믿을 만하다.

또한 투자자들과 소통이 잘 되는 개발팀이면 더욱 좋다. 좋은 개발팀은 프로젝트의 진행 상황을 투자자들에게 주기적으로 보고한다. 투자자들은 보고를 통해 사업이 잘 진행되고 있는지 난관에 처했는지 등을 판단할 수 있다. 이렇게 개발팀에 대한 신뢰가 생기면 해당 암호화폐에 투자를 시작해도 좋다.

4장

지금은
코인 재테크 시대

규제와
가격 폭등의 역설

암호화폐에 대한 우리나라 정부의 규제가 나날이 매서워지고 있다. 특히 2017년 12월에는 은행 계좌 실명제 실시 전까지 모든 신규 진입자의 신규 입금을 금지하면서, 코인 시장의 거품이 꺼질 것이라는 예측이 지배적이었다. 하지만 정작 신규 진입자들의 진입이 차단되었음에도, 정부에서 거래소를 차단하겠다는 초강경 발언이 나오기 전까지 코인의 가격은 지속적으로 폭등했다.

왜 신규 진입자가 차단된 상황임에도 코인 버블이 더욱 심화된 것일까? 이유는 간단하다. 신규 진입자가 차단되면서 기존 매수자들이 더욱 안심하고 코인을 보유했기 때문이다.

단순하게만 생각한다면 수요를 억제하는데 왜 가격이 폭등하는지 이해하기 어려울 것이다. 하지만 이는 코인 시장뿐만 아니라 어느 시장에서도 흔히 벌어지는 일이다. 일단 신규 진입이 차단된 상황은 기존 보유자 입장에서는 가격을 올리기에 좋은 기회가 되어준다. 신규 진입을 차단할수록 대기 수요가 폭발적으로 늘어날 것이기 때문이다. 폭발적인 대기 수요가 예고된 상황에서 기존에 보유하고 있는 물량을 매도할 바보는 아무도 없다.

규제하면 가격이 내려갈까?
—

간단한 예를 하나 들어보겠다. 무더운 여름날, A워터파크에서 당신이 차가운 음료수를 팔고 있다고 가정해보자. 더위에 지친 사람들이 많아져 워터파크에서의 음료수 수요가 가히 폭발적이다. 당신은 처음엔 음료수를 1개당 1,000원에 판매했지만, 음료수의 인기가 계속 올라가자 1,500원, 2,000원, 2,500원까지 계속해서 가격을 올렸다. 하지만 가격이 상승하는데도 사람들은 여전히 음료수를 원했고, 음료수는 하루가 채 가기도 전에 매일 매진됐다.

그러던 어느 날, A워터파크의 관리자가 이 장면을 목격하고

"워터파크에서 판매되는 음료수 가격이 지나치게 폭등하고 있으니 큰일이군! 수요를 억제하여 가격 거품을 없애야겠어. 당분간 워터파크에서 음료수를 사는 행위를 금지하겠소!"라고 한다면 무슨 일이 벌어질까? 강제로 수요를 없애버렸으니 수요와 공급의 원리에 의해서 음료수 공급업자가 가격을 내리게 될까? 당연히 아니다. '눈앞에 당장 목말라서 죽을 것 같은 사람들(대기 수요)이 넘쳐나는데 왜 가격을 내리면서 팔아야 하는가' 라고 생각할 것이다. 오히려 사람들은 어떻게든 원하는 음료수를 먹기 위해서 웃돈을 주고라도 사려고 할 것이다. 심지어는 너무 높은 수요로 암시장이 생겨서, 음료수 1개에 5,000원 이상을 받을 수도 있을 것이다.

바로 이런 이유 때문에 정부 규제가 심해지면 심해질수록 가격이 폭등하는 것이다. 자본주의 사회에서 돈을 벌고자 하는 욕구는 어쩌면 목마름보다도 더 강한 욕구다. 수요를 없애버린다고 해서 실제 수요가 없어지는 것이 아니라는 얘기다.

'아예 영원히 수요를 규제해버리면 음료수 공급업자들이 가격을 내리지 않고는 버틸 수 없지 않을까?' 라고 생각하는 사람도 있을 것이다. 하지만 이는 불가능하다. 무더위 속에서 음료수를 팔지 않는 워터파크가 제대로 운영될 리 없지 않은가. A워터파크에서 음료수 판매가 장기간 금지되면 사람들은 B워터파크로 옮겨갈 것이다. 음료수 장사꾼이든, 워터파크를 찾는 손님이든 말이다. 중국에서 암호화폐 거래소가 완전히 금지당하자 우리나라 거래소의 거래가 폭증한 것은 괜히 일어난 일이 아니다. 요즘 같은 글로벌 시대에는 국가 간 거래소 이동도 간단한 절차만 거치면 끝난다. 최근에 해외 부동산 투자와 해외 주식 투자가 점점 활발해지고 있는 이유도 바로 이 때문이다.

시장의 원리는 간단하다. 수요와 공급이 가격을 결정하고, 가격은 그런 과정을 거쳐 궁극적으로 그 재화의 내재 가치에 수렴한다. 아직도 코인이 계속해서 장기적인 우상향 그래프를 그리고 있는 이유는 여전히 공급에 비해 수요가 훨씬 더 많기 때문이다(그리고 지금의 코인 가격이 아직도 코인의 내재 가치에 도달하지 못했기 때문이기도 하다).

시장의 자정 작용에 맡기는 것이 현명하다
—

그렇다면 정부에서 걱정하는 대로 코인의 가격이 계속해서 미친 듯이 올라가기만 할까? 당연히 아니다. 법정 화폐의 양은 정해져 있고, 특정 재화의 가격이 무한하게 우상향만 할 수는 없다. 계속해서 가격이 올라가다 보면 자연스럽게 코인을 매도(공급)하는 사람들이 늘어나 결국에는 코인의 내재 가치에 걸맞은 가격에 안착하게 되고, 시장은 보이지 않는 손에 의해서 스스로 진정될 것이다.

하지만 신규 매수자들의 시장 진입을 강제로 차단하는 정책을 쓴다면 어떻게 될까? 방금의 예에서 볼 수 있듯이, 음료수 가격이 올랐으면 올랐지 절대로 떨어지지는 않는다. 왜냐하면 강제로 수요를 억제한 것이지 실제로 수요가 없어진 것이 아니기 때문이다. 음료수를 사지 말라고 한다 해서 목마른 사람의 목마름이 해소되는가? 아니다. 아마 갈수록 목은 더 마를 것이고, 음료수에 대한 갈망은 더 격렬해질 것이다. 코인도 마찬가지다. 어차피 기존 보유자들 입장에서는 어떤 문제가 생기더라도 대기 수요자들에게 비용을 전가하면 그만이다. 전 세계적으로 대기 수요자가 넘쳐나는 상황이기 때문이다.

이런 상황에서 규제가 심해질수록 억울해지는 사람들은 신규 진입자들뿐이다. 신규 진입자들이 원활하게 유입되기 힘든 환경일수록 아이러니하게도 가격 결정권을 기존 진입자들이 갖게 된다. 결국 대기 수요자들은 사지 못해서 발만 동동 구르다가 높아질 대로 높아진 가격에 살 수밖에 없다. 그래서 나는 시장의 자정 작용에 의해서 자연스럽게 해결될 때까지 내버려두는 것이, 차라리 부작용이 적으리라고 봤다.

하지만 정부는 결국 '거래소 폐쇄'라는 카드를 꺼내서 시장 자체를 크게 위축시켜버리고 말았다. 이렇게 시장을 강하게 왜곡해버리면, 결국 더욱 강력한 풍선 효과와 큰 부작용을 낳게 된다. 코스닥·코스피가 폭등한다는 이유로 증권 거래소를 전부 폐쇄해버리겠다고 하거나 신규 투자자를 억제하면 어떻게 될까? 당장은 투기가 억제될 수도 있겠지만, 엄청난 반향을 몰고 올 가능성이 크다. 암호화폐 시장도 마찬가지다.

지금의 대한민국 암호화폐 시장은 거래소 폐쇄 발언과 강력한 수요 통제 정책을 통해 일시적으로 위축되었지만, 그로 인해 한국 시장이 암호화폐 시장에서 차지하던 비중이 줄어들었고 수많은 자금이 해외로 유출되었다. 만약 이렇게 한국 시장의 영향력이 줄어든 상황에서 전체적인 암호화폐의 가격 상승이 일어나고, 암호화폐의 실용화가 본격적으로 진행된다면 어떻게 될까? 결국 우리는 해외의 투자자들에게 지금보다 비싼 가격으로 암호화폐를 다시 사 와야 할지도 모른다.

코리안 프리미엄이
생기는 이유

코리안 프리미엄(Korean Premium)이라는 말이 있다. '코프' 또는 '김프(김치 프리미엄)' 등으로 불리는데, 프리미엄이란 쉽게 말하자면 일종의 웃돈이라고 할 수 있다. 우리나라의 코인 시세가 다른 나라의 코인 시세에 비해 유독 높기 때문에 다른 나라 시세에 비해서 얼마나 높은지를 이야기할 때 '얼마큼의 프리미엄을 줘야 한다'라는 식으로 이야기하는 것이다.

예를 들어 비트코인이 해외에서는 평균적으로 1,600만 원에 거래되는데 한국 시세는 2,000만 원이라면, 비트코인에 약 400만 원의 코리안 프리미엄이 붙었다고 할 수 있다.

코리안 프리미엄이 발생하는 이유

—

그렇다면 왜 동일한 암호화폐인데 유독 한국에서만 가격이 높은 것일까? 한국인들이 유독 투기에 특화된 민족이라서 그런 걸까? 물론 그런 영향이 아주 없지는 않을 것이다. 하지만 근본적으로 코리안 프리미엄이 생기는 원인은 재정거래(arbitrage)가 불가능한 환경이기 때문이다.

재정거래란 각기 다른 시장 간의 가격 차를 이용하여 저렴한 시장에서 매수하여 비싼 시장에서 매도함으로써 이득을 취하는 투자 방법이다. 앞서의 예와 같이 비트코인의 한국 시세가 2,000만 원일 때 해외에서 1,600만 원에 거래되고 있다면, 해외에서 비트코인을 취득하여 한국 시장에 내다 팔 때마다 400만 원의 이득을 취할 수 있다.

이처럼 동일한 재화가 각기 다른 시장에서 시세 차이가 발생한다면 재정거래가 가능해지며, 재정거래가 반복됨에 따라 결국 시세는 일정한 가격으로 수렴하게 된다. 예컨대 해외 비트코인의 시세가 1,600만 원이고 한국 비트코인의 시세가 2,000만 원이기 때문에 많은 투자자가 해외에서 비트코인을 사 와 한국 시장에서 팔려고 할 것이다. 이런 경우 해외 비트코인은 수요가 증가하기 때문에 시세가 상승할 것이고, 한국 비트코인은 공급이 계속 증가하기 때문에 시세가 하락할 것이다. 결국, 최종적으로 둘의 가격은 특정 지점으로 수렴하게 될 것이다.

　우리나라와 해외의 코인 시세 격차가 줄어들지 않는 이유는 이런 재정거래가 불가능하기 때문이다. 우리나라는 해외에서 코인을 들여와서 판 뒤에 시세차익을 가져가는 행위를 '환치기 범죄'로 규정하고 있으며, 외국인 투자를 금지하면서 계속해서 모니터링을 하고 있다. 즉 해외의 코인들이 우리나라에 들어오지를 못하고 있으며, 기존에 우리나라에 들어와 있던 코인들만 계속해서 돌고 돈다는 뜻이다. 코인의 공급이 늘어나려야 늘어날 수 없는 상태다.

　이렇게 코인의 공급이 부족한데 수요는 계속해서 증가하고 있으니, 프리미엄이 빠지지 않는 것은 너무나도 당연하다. 우리나라 거래소에 고작 100개의 코인이 쌓여 있는데 수요가 100명에서 1,000명, 1만 명으로 늘어난다면 당연히 프리미엄이 커질 수밖에 없다. 정부의 과도한 규제로 코인 공급이 이루어지지 않기 때문에 코리안 프리미엄이 빠지지 않는 것인데, 계속해서 더 강하게 규제하며 '과도한 프리미엄이 문제가 되므로 규제를 해야 한다'라는 식으로 몰아가니 그저 답답할 뿐이다.

국부 유출이라는 호들갑, 얼마나 근시안적인가

—

그렇다면 어떻게 해야 코리안 프리미엄을 없앨 수 있을까? 답은 외국인 투자 규제 완화에 있다. 암호화폐가 계속해서 자유롭게 오갈 수 있도록 물꼬를 터줘야 재정거래가 활발해지면서 자연스럽게 코리안 프리미엄이 사라진다.

물론 재정거래가 활발해지면 일부 부작용이 생기기도 한다. 국제 시세와 국내 시세가 비슷해지는 시점까지는 계속해서 재정거래가 발생하면서 국부 유출이 일어나기 때문이다. 아마 정부에서 가장 걱정하는 것이 이 부분일 것이다. 그러나 관점을 조금 바꿔서 이를 '외국인 투자'라고 바라본다면, 의외로 부작용이 그렇게 크지 않음을 알 수 있다. 우리나라 부동산이나 주식에 투자하는 외국인들을 한번 생각해보자. 외국인들이 우리나라에서 투자해 번 돈을 외화로 환전해서 가지고 나가지만, 그것을 '국부 유출'이라며 비아냥거리지 않는다. 왜냐하면 외국인이 빠져나가는 만큼 계속해서 새로운 외국인 투자자들이 들어오면서 시장의 파이가 더욱 커지기 때문이다.

또한 일부 경제 전문가라는 사람들은 외화가 유출되면서 우리나라에는 가치가 없는 '비트코인 쪼가리'들만 쌓인다고 비판하는데, 이는 앞서 언급한 대로 잘못된 생각이다. 외국인 투자자들이 투자를 함으로써 우리나라에 쌓이게 된 암호화폐에는 엄연히 가치가 존재하며, 국제 시장 어디를 가더라도 일정한 가치로 통용될 수 있는 화폐이기 때문이다.

내가 예상했던 것보다 암호화폐의 상용화 속도는 더욱더 빨라지고 있다. 그 결과, 지금 당장 외국인들이 재정거래를 노리고 우리나라에 남겨놓은 코인들은 장기적으로 보자면 더 큰 부를 창출해낼 것이다. 외국인들이 우리나라에서 5만 원에 팔고 간 퀀텀이 1년 뒤에는 50만 원이 될 수도 있다는 얘기다.

믿음은
바라는 것들의 가치

2018년 1월 11일, 법무부에서 충격적인 뉴스가 나오면서 전 세계의 암호화폐 시장을 놀라게 했다. 앞으로 한국 거래소를 완전히 폐쇄하고 암호화폐 원화 거래를 전면 차단하겠다는 것이었다. 법무부 장관의 한마디에 암호화폐의 시가총액 113조 원이 증발했고, 투자자들은 그야말로 공황 상태에 빠졌다. 뉴스가 나온 뒤 얼마 되지 않아 평균 40%가 넘는 큰 폭락이 찾아왔다.

나의 상황 역시 크게 다르지 않았다. 패닉 셀 전날 점심때까지만 해도 매수한 메디블록과 퀀텀을 합쳐 거의 8억 원가량 되었던 코인 재산이 하루 만에 2억 원으로 쪼그라들었기 때문이다. 불과 하루 사이에 6억 원이 사라지고 만 것이다. 지난 13년

간의 투자 경력을 거치면서 패닉 셀은 자주 겪어봤기 때문에 이런 스트레스에 익숙한 편이다. 하지만 이렇게 짧은 시간에 이만큼의 타격을 입은 것은 처음 있는 일이었기 때문에 씁쓸한 마음을 어쩔 수가 없었다.

투자자들은 그야말로 아비규환이었다. 그나마 남은 재산이라도 건져보고자 수십 퍼센트씩 손해를 보면서 매도하는 투자자들이 속출했고, 다들 절망에 빠졌다. 하지만 나는 전혀 매도를 하지 않았고, 흔들리지도 않았다. 이런 일이 언젠가는 올 것이라고 각오를 하고 있었기 때문이다.

암호화폐와 블록체인은 그야말로 가장 새로운 시스템이라고 할 수 있다. 이런 새로운 시스템이 제도권으로 진입하기까지는 그야말로 엄청난 진통을 겪어야 하며, 이는 너무나도 당연한 일이다. 암호화폐와 블록체인은 기존의 패러다임을 통째로 바꿔버리는 블록버스터급 혁명이다. 이렇게 새로운 패러다임이 생기면, 당연히 기존 패러다임을 유지하려고 하는 기득권층과의 불협화음이 발생할 수밖에 없다. 이런 싸움이 일어나는 가운데 새로운 패러다임의 가치를 믿는 사람들이 기존 체제에 계속해서 도전하고 또 도전하면서 새 패러다임의 가치를 퍼뜨림으로써 시대는 변화하는 것이다. 현재 암호화폐 투자자들이 그런 역할을 해야 한다. 즉, 시대의 풍파 속에서 암호화폐의 가치를 믿고 지켜야 하는 사명을 가지게 된 것이다.

풍파에 지지 않으려면 가치를 이해하고 믿어야 한다
—

전자레인지가 어떻게 발명되고 보급되었는지 아는가? 전자레인지는 1945년에 미국의 퍼시 스펜서(Percy Spencer)라는 청년이 우연한 계기로 발명했다. 당시 그는 군사용 레이더를 실험하던 연구원이었는데, 레이더 근처에서 작업하던 도중 주머니에 있던 초콜릿이 녹은 것을 발견했다. 이를 이상하게 여긴 스펜서가 몇 가지 실험을 해본 결과 레이더에서 나오는 전파가 초콜릿을 녹인다는 사실을 알게 됐다. 그뿐만이 아니라 팝콘까지 튀길 수 있다는 것을 알게 되었고, 이 전파를 이용하여 음식을 조리하는 기구인 전자레인지를 개발했다.

1945년에 '음식조리장치'로 특허를 낸 퍼시 스펜서는 이후 연구를 거듭하여 1947년에 '레이다레인지(Raderange)'라는 이름으로 첫 제품을 출시한다. 하지만 전자레인지가 완전히 가정용으로 보급되기까지는 무려 25년이 넘는 시간이 필요했다. 왜냐하면 사람들이 전자레인지의 필요성을 인식하지 못한 데다가, 전자레인지라는 기술 자체를 사기로 취급했기 때문이다.

1950년대면 한국에서는 흙으로 집을 짓고 촛불을 켜고 살아 가던 시대다. 아무리 미국이라 해도 1950년대에 일반 소비자들이 '전파로 음식을 조리한다'라는 개념을 받아들이기는 쉽지 않았을 것이다. 지금으로 치자면 '뇌파로 카카오톡 메시지를 작성할 수 있는 휴대전화' 정도의 느낌이 아닐까? 실제로 당시 대부분의 소비자가 전자레인지를 외면했으며, 일부 집단은 전자레인지 제조사를 사기꾼 집단으로 몰아가기도 했다.

하지만 제조사 측은 이에 굴하지 않고 계속해서 전자레인지의 성능을 개량하고, 전자레인지를 이용한 요리 시연회를 열었다. 그런 노력 끝에 마침내 1970년대가 되자 전자레인지가 일반 가정에 대거 보급됐다. 그리고 알다시피 지금은 현대 사회에 없어서는 안 될 가전제품이 되었다.

암호화폐도 마찬가지다. 아무리 세상이 좋아졌다고 해도 컴퓨터 사이언스에 대한 지식이 없는 평범한 사람들이 블록체인과 암호화폐라는 기술을 완전히 받아들이기까지는 시간이 걸리기 마련이다. 사람들이 이를 받아들일 때까지는 수많은 오해와 누명을 풀어나가야 한다. 그래서 암호화폐에 제대로 투자하기 위해서는 누구보다도 열심히 암호화폐를 공부하여 그 가치를 이해할 수 있어야 한다. 사람들이 받아들이기까지는 시간이 걸린다는 사실을 이해하고, 이런 인고의 시간을 감내

할 수 있어야 하기 때문이다.

그럼에도 대다수의 투자자는 그저 돈이 되기 때문에 암호화폐에 투자한다. 하지만 이런 식으로 쉽게 투자한 사람들은 조금만 위기가 닥쳐와도 쉽게 흔들리기 마련이다. 암호화폐를 들고 있는 것 자체가 불안하기 때문이다. 반면 가치를 이해하는 사람들은 어떤 풍파에도 흔들리지 않으며, 암호화폐의 가치가 폭넓게 인정되는 그날까지 기다릴 수 있다.

거품이라면,
언젠가는 꺼질까?

투자자산에 거품이 생기고 무너지는 과정을 설명할 때, 장 폴 로드리그(Jean-Paul Rodrigue) 박사의 거품의 단계(Phases of a bubble)라는 그래프가 참고자료로 흔히 인용된다(〈그림 9〉 참조). 이 그래프를 언급하는 이유는 요즘 비트코인을 비롯한 암호화 폐들의 거품을 설명하면서 이 그래프가 적극적으로 활용되고 있기 때문이다. 로드리그 박사의 그래프는 거품이 어떻게 형성 되어 어떻게 무너지는가를 잘 설명해주는데, 우리나라에서는 '하이먼 민스키 모델'이라는 이름으로 더 알려져 있는 듯하다. 로드리그 박사의 그래프가 왜 우리나라에서는 하이먼 민스키의 그래프로 둔갑했는지 모르겠지만, 어쨌든 이 그래프는 어떻게 해서 버블이 생기고 무너지는가에 대해 현존하는 그래프 중 가

〈그림 9〉 거품의 단계

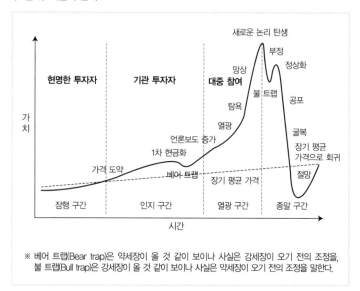

※ 베어 트랩(Bear trap)은 약세장이 올 것 같이 보이나 사실은 강세장이 오기 전의 조정을,
　　불 트랩(Bull trap)은 강세장이 올 것 같이 보이나 사실은 약세장이 오기 전의 조정을 말한다.

장 간결하고 확실하게 설명해준다. 로드리그 박사는 자산의 거품이 생기고 사라지는 순서를 크게 잠행 구간(stealth phase), 인지 구간(awareness phase), 열광 구간(mania phase), 종말 구간(blow off phase)의 네 가지로 나눠서 설명한다.

거품의 네 단계란

—

일단 거품이 형성되기 전의 첫 번째 단계는 '잠행 구간'이라는 부분이다. '스텔스(stealth)'라는 단어만 봐도 짐작이 가겠지만, 아직 대부분 사람이 해당 자산의 존재 자체를 모르는 구간이다. 바로 스마트 머니(smart money), 의역하자면 '현명한 투자자'들이 해당 자산을 매수하는 구간이기도 하다. 비트코인을 예로 들자면, 가격이 1코인당 1만 원 이하이던 시절이라고 할 수 있을 것이다. 당시 투자하여 지금의 가치에 이를 때까지 기다린 사람들이 현명한 투자자들이다. 사실 이 구간에서도 비트코인을 매수한 개인들은 많았겠지만, '현명한 투자자'라는 이름이 붙은 이유는 이들을 제외하고 대부분은 사실상 조금만 오르면 바로 팔아버리는 단기 투자자들이었기 때문이다.

잠행 구간을 지나면, 인지 구간에 접어든다. 사람들이 슬슬 해당 자산에 대해서 알아가기는 하지만, 아직 투자가 대중화되지 않은 단계다. 또한 이전 단계(잠행 구간)에서 해당 자산을 매수했던 투자자 중 상당수가 매도를 하는 시기이기도 하다. 이런 초기 투자자들의 매물로 인해 인지 구간에서는 일시적인 하락 (bear trap)이 일어나게 된다. 하지만 이 구간에서는 해당 자산의 가치에 확신을 지니게 된 기관 투자자들이 본격적으로 매수를 시작하고, 가격이 본격적으로 반등하면서 거품은 더 큰 거품을 향해 진화해간다.

다음 단계는 열광 구간이다. 대중이 본격적으로 투자에 참여하고, 미디어에서 해당 자산에 대한 이야기를 본격적으로 뿌리기 시작한다. 기관 투자자들의 투자로 해당 자산이 공신력을 얻게 되고, 미디어에서 계속해서 이야기를 전파하면서 수많은 투자자가 지속적으로 유입되기 때문에 거품이 계속해서 커진다. 또한 해당 자산의 실제 가치에 비해 가격이 너무나도 높아진 상태이기 때문에 계속해서 새로운 투자자들이 유입되어야 거품을 유지할 수 있는 단계이기도 하다.

이때부터는 높은 가격에 매수하는 근거를 찾기 위해서 자기 합리화가 필요해지기 시작한다. 아무리 봐도 별 가치가 없는 자산이 지나치게 고평가된 상태인 것 같은데 계속해서 가격이 오르니, 배가 아파서 매수를 안 할 수는 없기 때문이다. 그러다 보니 결국 투자를 하기 위해 자기 합리화를 하기 시작한다. 따라서 이 단계에서는 '앞으로 이 자산이 더욱더 높은 가격까지 오를 수 있는 이유'를 설명할 새로운 이론들이 만들어진다. 이때가 바로 거품이 정점에 달한 시기이며, 매도를 하기에 가장 이상적인 시기이기도 하다. 거품이 언제까지고 계속된다면 좋겠지만, 시중에 떠도는 자금은 유한하므로 결국 거품은 한계치까지 부풀어 올랐다가 터지게 된다.

열광 구간을 지나면, 그 뒤부터는 거품이 급격하게 꺼지는 시기인 종말 구간이 다가온다. 본격적으로 패닉 셀이 시작되면서 투자자들이 앞다투어 자산을 매도하기 때문에 가격이 급격하게 하락하는 시기이기도 하다. 이 시기에는 모두가 공포에 질려 있어서 매수자에 비해 매도자가 워낙 많기 때문에 정말 말도 안 되는 속도로 가격이 하락한다. 이 시기에는 '혹시나 반등하지 않을까?' 하는 생각으로 잠깐 기다리다가 강제로 몇 년간 장기 투자를 하게 되는 경우도 많이 발생한다.

금과 암호화폐의 가격 변동
—

그렇다면, 암호화폐는 지금 어디쯤 와 있는 것일까? 그리고 과연 암호화폐의 가격은 로드리그 교수의 그래프대로 흘러가게 될까? 많은 사람은 지금 암호화폐가 거품의 절정에 와 있다고 주장한다. 왜냐하면 언론에서 계속해서 폭락을 외쳐대고 있을 뿐더러 가격이 더는 오르기 힘들 만큼 너무나 많은 암호화폐가 생겨나고 있기 때문이다.

하지만 내 생각은 조금 다르다. 우선, 암호화폐는 앞서의 그래프가 적용되는 투자자산들과는 엄연히 다른 성질을 가지고 있다. 굳이 예를 들자면, 금과 가장 비슷한 성격을 띤 물건이라고 할 수 있을 것이다. 전 세계 어디에서든 비슷한 가치를 인정

〈그림 10〉 금 가격 그래프(1975년부터 현재까지)

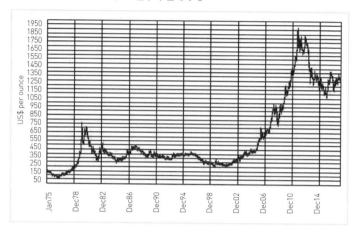

받을 수 있는 데다가, 실물 화폐에 비해서 인플레이션이 현저하게 적거나 아예 없어서 가치 저장 기능을 가지고 있기 때문이다. 어떤 면에서는 오히려 금보다 더 안전한 자산이라고 할수도 있다. 금은 도난당하거나 가치가 훼손될 우려가 있지만, 암호화폐는 그런 우려조차 없기 때문이다.

최고의 안전자산으로 불리는 금은 일시적으로는 가치가 계속 변하는 것처럼 보이지만, 장기적인 추세를 보자면 가격이 계속해서 우상향했다는 사실을 알 수 있다. 왜냐하면 금본위제 폐지 이후로 실물 화폐들이 해마다 엄청난 인플레이션을 만들어내고 있기 때문이다. 인플레이션이 발생하는 만큼 화폐의 가치가 계속해서 하락하기 때문에 금 가격은 수십 년간 쉬지 않고 폭등해왔다. 하지만 우리는 금값이 이렇게 폭등해왔다는 이유로 지금의 금 가격은 거품이며 언젠간 무너질 거라고 예측을 해대지는 않는다.

암호화폐의 가격 추이도 금의 가격 변동과 같은 종류의 것으로 보아야 한다. 암호화폐 역시 인플레이션이 아주 작거나 없기 때문에 실물 화폐로 표현하면 가치가 계속해서 상승할 수밖에 없다. 아직은 암호화폐의 가치 정립이 완전하지 않은 때이지만, 일단 어느 정도 가치가 정립된 뒤부터는 실물 화폐의 인플레이션에 맞춰 가격이 움직이게 되는 시기가 오리라고 본다. 따라서 로드리그 박사의 그래프를 가지고 암호화폐의 거품 여부를 설명하는 것은 적절치 않다는 게 내 생각이다.

그럼에도 누군가 나에게 암호화폐의 현 상황을 로드리그 박사의 그래프로 굳이 표현하라고 한다면, 나는 암호화폐가 이제야 두 번째 단계인 인지 구간에 들어와 있다고 말하겠다. 이제야 암호화폐에 대한 기관 투자자들의 투자가 본격화된 데다가, 아직 우리나라를 비롯한 전 지구상에서는 극히 일부만이 암호화폐에 투자하고 있기 때문이다. 더욱이 우리나라에서는 아직 기관 투자자들의 투자가 금지된 상태다.

물론 지금 하루가 멀다고 생겨나는 수천 가지 코인이 전부 살아남지는 못할 것이고, 일부 코인은 도태되어 영원히 사라질 수도 있다. 하지만 IT 버블이 꺼지고 나서도 살아남았던 구글이나 네이버 같은 기업들이 버블 시절보다 훨씬 더 큰 가치를 지니게 된 것처럼, 살아남아서 실용화 단계까지 성공한 암호화폐들은 그 가치가 계속해서 커질 수밖에 없을 것이다.

상용화되는
세상을 꿈꾼다

일단 거래소 폐쇄 해프닝은 일단락되었지만, 정부는 여전히 암호화폐를 규제하기 위해서 기회를 노리고 있다. 그런데 정부의 이런 규제 압력이 오히려 암호화폐의 상용화를 더욱 앞당기고 있다. 이슈화가 되면 될수록 사람들이 점점 더 암호화폐에 관심을 가지게 될 것이기 때문이다.

암호화폐를 한 번도 안 써본 사람은 있지만, 한 번만 써본 사람은 없다. 그만큼 암호화폐는 빠르고 혁신적이다. 암호화폐는 개인에게 거래의 자유를 제공해주는 최고의 도구다. 이런 암호화폐가 상용화된다면 과연 어떤 현실이 벌어질까?

송금이 쉽고, 싸고, 빨라진다

—

우선, 암호화폐들은 초국적 통화가 되어 세계인들의 거래를 더욱 신속하고 안전하게 만들어줄 것이다. 예를 들어, 미국에 있는 마이클이 한국에 있는 영희에게 15만 달러를 보내야 한다고 해보자. 지금의 거래 시스템에서는 이 송금 과정에서 수많은 중개자가 개입해야만 한다.

우선 마이클은 미국에서 은행을 방문하여, 한국에 있는 영희에게 15만 달러를 보내고 싶다고 요청해야 한다. 이 요청을 받아들인 미국의 은행은 수취인 측(영희)이 사용하는 은행의 명칭, SWIFT(국제결제시스템망) 코드, 계좌번호와 주소, 이름, 전화번호 등을 받아서 이를 SWIFT망을 통해서 송금한다. 이런 송금 과정에서는 참여하는 중개자들이 매우 많기 때문에 송금 수수료, 전신료, 수취 수수료, 중개 수수료 등 각종 비용이 발생한다. 그뿐 아니라 시간도 오래 걸린다. 게다가 이런 외화 송금 내역은 정부 기관들에 통보되기까지 한다. 15만 달러 정도의 금액이면, 아마 미국과 한국의 국세청이 마이클과 영희를 계속해서 괴롭힐 것이다. 도대체 무슨 목적으로 이렇게 많은 돈을 송금하는 건지 물을 것이며, 잘못하면 세무조사를 받아야 할 수도 있다.

그런데 이를 비트코인으로 송금한다면? 그냥 마이클의 비트코인 지갑에서 영희의 비트코인 지갑으로 10BTC를 전송하면 끝이다. 어떤 중개인도 개입하지 않기 때문에 안전하게 거래를 마무리할 수 있으며, 수수료를 낼 필요도 없다. 또한 아무도 거래 사실을 모르기 때문에 정부 기관에 일일이 송금 사유를 해명해야 할 이유도 없다. 정말 간단하지 않은가? 마치 전 세계 모든 사람의 지갑이 네트워크로 연결된 것과 같은 효과를 누릴 수 있다.

또한 기업 입장에서는 암호화폐를 이용하여 전 세계 사람들로부터 신속하게 투자유치를 받을 수도 있다. 이것은 이미 ICO를 통해 전 세계의 기업들이 진행하고 있다. 기존 스타트업들이 거액의 투자 유치를 받기 위해서는 벤처 투자사들을 일일이 찾아다니며 설득하고 부탁해야 했다. 하지만 암호화폐가 생긴 지금은 전 세계의 모든 개인이 지구 반대편에 있는 조그만 기업의 투자자가 될 수도 있다. 아이디어만 좋다면 전 세계의 개인 투자자들로부터 얼마든지 자금을 끌어올 수 있는 환경이 되었다.

앞서 언급한 메디블록도 전 세계의 수많은 개인 및 법인이 퀀텀을 이용하여 쉽게 투자를 할 수 있었다. 투자 과정이 모두 퀀텀의 블록체인에 기록되었기 때문에 안전하기까지 했다. 이런 투자는 퀀텀이 제공하는 기능 중 하나인 스마트 계약 기능을 이용하여 진행되었다. 퀀텀을 제공한 대가로 얼마만큼의 비율로 보상을 나눠줄 것인지를 이미 퀀텀의 블록체인상에 입력해놓았기 때문에 각국의 개인들이 지구 반대편에 있는 기업에 투자를 하면서도 사기를 당할 염려가 없었다.

이렇게 암호화폐를 이용하면 거래의 규모가 커지고 시장이 넓어지지만, 거래 속도는 오히려 더 빨라지고 안전해진다. 이렇듯 블록체인의 등장은 전 세계의 개인과 기업들에 거래의 자유를 선사해준다. 우리는 우리가 알지 못하는 사이에 거래를 엄격하게 통제당하고 있다. 특히 통화의 국가 간 이동에는 큰 제약이 따른다. 암호화폐는 이런 거래의 제약을 없애주는 역할을 한다. 또한 암호화폐는 정치적으로 불안하거나 화폐 가치가 불안정한 국가에서 대안 화폐가 되어줄 것이다. 암호화폐를 대안 화폐로 삼는 일은 이미 베네수엘라 등에서 실제로 진행되고 있다.

모든 거래의 장벽이 허물어진다
—

그리고 무엇보다도 암호화폐가 본격적으로 실용화되면, 그에 따라서 수많은 디앱이 활성화될 것이다. 암호화폐 보유자들이 많아질수록 블록체인을 이용하여 정보를 주고받을 수 있는 통로가 넓어지기 때문이다. 이렇게 암호화폐를 통해 블록체인 네트워크가 활성화되면 이 블록체인 네트워크상에서 의료 정보, 금융 정보, 개인 데이터, 전기 및 에너지 관련 데이터 등이 오가기 시작할 것이다. 그야말로 거래의 장벽이 허물어진 시대가 오는 것이다.

이런 부분을 완전히 간과하고, 그저 시세의 등락이 조금 거칠다는 이유로 암호화폐 시장을 도박장 보듯이 하는 사람들이 많다는 것은 참으로 안타깝기 그지없다. 특히 암호화폐와 블록체인 기술을 별개라고 착각하여 블록체인 기술은 발전시켜야 하지만 암호화폐는 막아야 한다는 발언을 연일 해대는 인사들의 발언을 듣다 보면 한숨만 나온다. 하지만 결국 시대의 물결은 피할 수 없을 것이며, 지금 당장 암호화폐에 대해 부정적인 시각을 가진 사람들도 변하는 시기가 올 것이다.

인터넷이 처음 도입되던 시절을 기억하는가? 믿기지 않겠지만, 인터넷이 본격적으로 도입되던 초창기에 대부분 사람은 인터넷의 가능성을 욕하고 비웃었다. 인터넷 쇼핑몰이라는 게 등장하자, 사람들은 "어떻게 옷을 입어보지도 않고 산다는 거야? 인터넷 쇼핑은 결국 망할걸. 전부 허상일 뿐이지"라는 반응을 보였다. 또한 청소년들이 이메일 계정을 쉽게 만들어서 무분별하게 활용할 수도 있다는 이유로 당시 정부에서 네이버, 야후, 다음의 대표급 임원들을 불러놓고 이메일을 검열하라고 호통친 사례는 유명하기까지 하다.

하지만 결과는 어떤가. 인터넷은 현실이 되었고, 인터넷 없는 세상은 이제 더는 상상할 수조차 없게 되었다. 허상에 불과하다고 비웃었던 인터넷 쇼핑은 현실에 존재하는 동대문 상가와 용산 전자상가를 침체의 늪으로 몰고 갔으며, 인터넷뱅킹과 모바일뱅킹의 확대는 날이 갈수록 은행원들의 일자리를 위협하고 있다. 당시 시대의 변화를 읽고 인터넷 쇼핑몰을 재빠르게 선점한 사람들은 거대한 부를 누리게 되었지만, 그들을 비웃으며 변화에 대비하지 못한 오프라인 옷가게들은 큰 위기를 맞이해야 했다.

이번엔 암호화폐 차례다. 지금은 모두가 도박이자 허상이라고 비웃고 있지만, 머지않아 암호화폐는 현실이 될 것이다. 이미 우리나라 암호화폐 거래량은 코스닥 시장을 뛰어넘었고, 계속해서 기존 자산들(현금, 주식, 부동산)에 투자되었던 자본을 놀라운 속도로 빨아들이고 있다. 기존 자산들과는 비교도 안 될 정도로 많은 가치를 지니고 있다는 것을 사람들이 점점 알아가고 있기 때문이다. 정부 기관마저도 함부로 빼앗아 갈 수 없고, 지구 반대편에 있는 사람에게도 순식간에 전송할 수 있으며, 무결성을 필요로 하는 수많은 정보의 통로 역할까지 해주는 데다가, 시간이 가면 갈수록 가치가 증가하는 화폐를 누가 마다한단 말인가? 암호화폐는 이제 시작 단계에 와 있을 뿐이다.

안전자산화는
이미 시작되었다

암호화폐를 도박으로 바라보는 많은 사람은 암호화폐를 시세 변동이 심각한 '고위험 자산'으로 분류한다. 하지만 실제로 암호화폐에 투자해본 사람들은 알겠지만, 암호화폐는 '안전자산'에 가깝다. 안전자산이란 가치가 쉽게 변하지 않는 금과 같은 자산을 말한다.

이미 암호화폐는 조금씩 안전자산의 지위를 인정받고 있으며, 그 점을 계속해서 증명해나가고 있다. 미국 정부가 셧다운되거나 하는 등의 세계 정치적 불안 요소들이 나타날 때면 암호화폐의 시세가 어김없이 오르는 것만 봐도 이 점을 분명히 알 수 있다.

비트코인은 진화했지만, 사람들의 시선은 진화하지 못했다

—

암호화폐 비관론자들은 인정하기 힘들겠지만, 4년 전의 비트코인 기사를 살펴보면 그때나 지금이나 암호화폐를 대하는 사람들의 반응에 변화가 없다는 것을 쉽게 파악할 수 있다. 네이버나 구글의 뉴스 검색 기능을 활용해서 2013년의 비트코인 관련 기사만 찾아봐도 당시 사람들의 반응을 쉽게 확인할 수 있다.

2013년은 비트코인의 시세가 100만 원 전후를 유지하던 때다. 또한 중국, 영국, 프랑스 등의 국가들이 앞다투어 비트코인 규제에 돌입하던 해이기도 하다. 당시 나온 비트코인 관련 기사들을 살펴보면 알겠지만, 그에 대한 대다수 사람의 반응은 "거 봐라, 비트코인은 사기라잖아!", "각국 정부가 인정하지 않으니 이제 비트코인은 끝났다!", "폭락 가능성이 농후하다"라는 식이었다. 2018년인 현재도 전혀 달라진 것이 없다. 2013년의 비트코인 기사들을 날짜 없이 본다면 요즘 나오는 기사와 전혀 구별할 수 없을 것이다. 여전히 암호화폐는 각국의 규제를 견뎌내고 있고, 암호화폐의 가격은 여전히 요동치고 있으며, 사람들은 시세와 상관없이 버블이라고 외치고 있다.

하지만 달라진 것이 딱 하나 있다. 바로 암호화폐의 시세다.

당시 100만 원대의 시세를 유지하던 비트코인은 최근에 2,800만 원까지 올라갔다가 현재 1,400만 원대를 유지하고 있다. 무려 2,800만 원까지 올랐던 비트코인이 반 토막이 나자, 사람들은 다시 "드디어 암호화폐의 거품이 붕괴된다!"라고 외치고 있다. 하지만 우리 두 저자를 비롯한 암호화폐 투자자들은 별다른 반응 없이 묵묵히 암호화폐를 모으고 있다. 암호화폐 시장에서 이 정도 변동은 흔한 일이기 때문이다.

급등락의 시기를 거쳐 안전자산으로
—

〈그림 11〉을 보면 알겠지만, 비트코인 시세 흐름에서 50% 정도의 낙폭은 흔한 일이었다. 2010년과 2011년에는 무려 94%나 하락한 적이 있으며, 대체로 수십 퍼센트대의 폭락을 기록해왔다. 하지만 이런 변동폭은 해마다 점점 줄어들고 있으며, 비트코인의 시세는 계속해서 우상향 중이다. 앞으로 비트코인을 비롯한 각종 암호화폐는 가격이 상승하면 상승할수록 변동폭이 점점 줄어들다가, 최종적으로 특정 값에 수렴할 것이다. 그리고 나면 완벽한 안전자산이 되어 실물 화폐의 인플레이션과 연동되면서 가치 상승이 이루어질 가능성이 크다. 사람들이

Bitcoin: Major Corrections (September 2010-January 2018)

Correction Period	# Days	Bitcoin High	Bitcoin Low	% Decline	% Return to New High	New High Date	# Days to New High
12/17/2017 to 1/16/2018	30	19,783	10,201	-48%	94%	?	?
11/8/2017 to 11/12/2017	4	7,879	5,507	-30%	43%	11/16/2017	8
9/2/2017 to 9/15/2017	13	5,014	2,951	-41%	70%	10/12/2017	40
6/11/2017 to 7/16/2017	35	3,025	1,837	-39%	65%	8/5/2017	55
3/10/2017 to 3/24/2017	14	1,326	892	-33%	49%	4/27/2017	48
11/30/2013 to 1/14/2015	410	1,166	170	-85%	585%	2/23/2017	1181
4/10/2013 to 7/7/2013	88	266	63	-76%	323%	11/7/2013	211
6/8/2011 to 11/17/2011	162	32	1.99	-94%	1504%	2/28/2013	631
5/13/2011 to 5/21/2011	8	8.45	5.58	-34%	51%	5/25/2011	12
2/10/2011 to 4/4/2011	53	1.10	0.56	-49%	96%	4/17/2011	66
11/6/2010 to 11/10/2010	4	0.50	0.14	-72%	257%	1/31/2011	86
9/14/2010 to 10/8/2010	24	0.17	0.01	-94%	1600%	10/24/2010	40

Data Source: Coindesk/Coinbase

점점 비트코인을 안전자산으로 인정하고 있기 때문이다.

비트코인 초창기에는 가치를 알아보는 사람들이 많지 않았으며, 안전자산이 될 것이라고 생각하는 사람은 전무하다시피 했다. 사실 비트코인을 들고 있어봤자 딱히 쓸 곳도 없었을 것이다. 이때 비트코인을 보유하던 사람들은 대부분 기대 반, 재미 반으로 가지고 있었다. 그러다가 어느 순간부터 가치를 인정하는 사람들이 나타나기 시작했다. 누군가는 비트코인의 시세가 움직이면 쉽게 사고팔았지만, 다른 누군가는 장기 보유하기로 마음먹었다.

해를 거듭할수록 비트코인의 가치를 알아보고 보유 목적으로 비트코인을 들고 있는 사람들이 늘어났고, 이에 따라 시세의 출렁임도 미약하나마 조금씩 줄어들고 있다. 이는 굳이 비트코인에만 한정된 이야기가 아니다. 후발주자인 대부분의 코인도 해를 거듭할수록 가격은 올라가지만, 시세의 출렁임은 점점 줄어들고 있다.

암호화폐는 한 국가가 한정된 영토 내에서만 보증해주는 화폐와는 비교 자체를 할 수 없을 정도로 안전한 자산이다. 사람들은 여러 가지 경제 위기를 겪으면서 국가의 중앙은행이 법정화폐의 가치를 더는 지켜주지 못한다는 사실을 깨달았다. 그리고 지금 이 순간에도 암호화폐를 받는 기업들과 상인들은 점점 늘어나고 있다. 암호화폐의 범용성과 신뢰성이 점점 증가하고 있는 것이다. 언젠가는 보유한 퀀텀과 메디토큰을 매도할 필요가 없어질 것이다. 무엇이 되었건 간에, 내가 보유하고 있는 암호화폐로 전 세계 어디에서나 결제할 수 있는 날이 올 것이기 때문이다.

5장

돈 되는 암호화폐
고르는 법

암호화폐 투자를 위한
기본 개념

암호화폐는 단순한 금융상품이라기보다는 컴퓨터공학, 암호학, 경제학이 혼재된 복합적인 형태의 상품이다. 따라서 암호화폐를 단순히 금융상품으로 받아들여서는 제대로 된 투자를 할 수 없다. 물론 암호화폐에 대한 지식이 전무하더라도 거래소에서 계좌를 트고 암호화폐를 주고받는 것은 누구나 할 수 있다. 하지만 암호화폐에 대한 이해 없이 그렇게 무턱대고 투자에 나선다면, 가치가 있는 암호화폐와 가치가 없는 암호화폐를 구분하기 힘들 것이다. 적어도 암호화폐의 기본 개념은 알아야 한다는 생각에 필수 정보를 정리하고자 한다. 이 책에서 암호화폐의 기술적인 측면을 다루지는 않지만, 적어도 암호화폐 투자자라면 반드시 알아야 하는 지식이라는 것이 존재하기 때문이다.

암호화폐는 채굴자와 이용자가 공존하는 시스템이다. 채굴자가 없으면 블록을 생성해주는 사람이 없어서 블록체인을 이용한 거래가 불가능하고, 이용자들이 거래를 하지 않으면 블록을 생성할 거리가 없으므로 채굴 보상을 얻을 수 없기 때문이다. 각각의 암호화폐(코인)는 설계 당시에 어떤 방식으로 채굴할 것인지를 결정한다. 이를 합의 과정(consensus)이라고 한다. 합의 과정, 즉 채굴 방식에는 여러 가지가 있는데 그중 대표적인 방식 세 가지를 알아보겠다.

1. PoW(Proof of Work, 작업증명)
—

PoW 방식은 최초의 블록체인인 비트코인이 선택한 채굴(mining) 방식이다. PoW 방식의 코인을 채굴하려면 컴퓨터의 전문적인 연산 능력이 필요하기 때문에 고가의 채굴기를 갖춰야 한다. 이전에는 컴퓨터를 이용하여 채굴하기도 했고, 지금도 일반적인 컴퓨터를 이용하여 채굴을 시도하는 사람도 있다. 그렇지만 일반적인 가정용 컴퓨터는 채굴에 필요한 연산에 특화된 컴퓨터가 아니기 때문에 채산성(들어가는 비용 대비 거둬들이는 수익)이 매우 떨어진다. 지금 시점에서 일반적인 컴퓨터로 채굴을 시도한다면 채굴을 통해 얻는 비트코인보다 전기요금이 더 많이 나올 것이다. 그 때문에 최근에는 채굴에 특화된 전문 컴퓨터인 '채굴기'라는 것을 사용하여 채굴하고 있다.

대표적인 채굴기로는 크게 두 가지가 있다. 하나는 주문 제작한 고성능의 시스템 반도체(ASIC)가 내장된 채굴기이고, 다른 하나는 그래픽카드(GPU)를 이용한 채굴기다.

〈그림 12〉는 비트메인(Bitmain)에서 만든 ASIC 비트코인 채굴기 앤트마이너(Antminer)의 사진이다. ASIC 채굴기는 채굴 목적으로 특수제작한 장비로, 연산력은 뛰어나나 공급에 비해서 수요가 워낙 많기 때문에 쉽게 구할 수가 없다. 가격도 비싸서 최

〈그림 12〉 비트메인의 앤트마이너

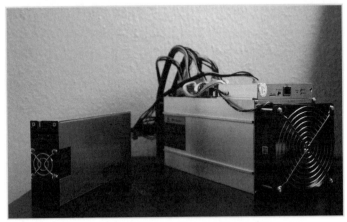

소한 300~400만 원에 달한다.

ASIC는 채굴기를 주문할 때 무슨 암호화폐를 채굴할지를 미리 정해야 한다. 그 암호화폐의 채굴을 위해 특화된 형태로 제작되기 때문이다. 이런 특성 탓에 일단 채굴할 암호화폐의 종류가 정해진 ASIC 채굴기는 다른 암호화폐를 채굴하는 데 사용하기가 어렵다. 비트코인(BTC) ASIC 채굴기로는 비트코인과 비트코인 캐시(BCH)를 채굴할 수 있고, 라이트코인(LTC)은 라이트코인 전용 ASIC 채굴기를 이용해야 한다. 대시(Dash) 또한 대시 전용 ASIC 채굴기로 채굴해야 한다.

〈그림 13〉은 시중에서 흔히 구할 수 있는 GPU(그래픽카드)를

〈그림 13〉 그래픽카드를 이용한 채굴기

이용한 채굴기다. GPU 채굴기는 일반 PC 그래픽카드의 연산 능력을 이용한 장비이기 때문에 ASIC보다 구하기 쉽고, 좀더 대중화되어 있다. 사진에서도 보이다시피 GPU 여러 개를 장착하여 만드는 방식이다. GPU 채굴기는 특정 암호화폐의 채굴을 위해서 나온 채굴기가 아니기 때문에 언제든지 다른 암호화폐 채굴로 전환할 수 있다. GPU 채굴기는 GPU를 1개만 이용해도 채굴할 수 있긴 하나, 채굴의 효율성을 위해 보통 6개 이상의 GPU를 함께 돌린다. GPU로 채굴할 수 있는 암호화폐는 비트코인 골드, 이더리움, 이더리움 클래식, 모네로, 제트캐시 등 수많은 알트코인이 있다.

PoW 방식은 현재 주류를 이루고 있는 코인들이 사용하는 방식이며, 강력한 보안성을 제공한다. 하지만 여러 가지 문제점도 있다. 가장 큰 문제점은 심각한 환경오염과 자원낭비를 야기한다는 것이다. PoW 방식으로 채굴하려면 이렇게 고가의 채굴장비(ASIC, GPU 등)를 설치하여 계속해서 연산을 시켜야 하기 때문에 엄청난 전력을 소비한다. 지금과 같은 속도로 PoW 방식의 코인들이 유지된다면, 몇 년 안에 암호화폐 채굴을 위해 사용되는 전력량이 세계 전력 소비량과 맞먹게 될 것이다. PoW 방식의 채굴은 이처럼 자원낭비가 심하므로 지속 가능한 채굴 방식이라고 보기는 어렵다.

또한 PoW 방식은 채굴에 대한 진입장벽이 매우 높기 때문에 특정 채굴장이나 채굴 세력(예컨대 우지한(吳忌寒)의 비트메인 등)이 독점할 수 있다는 단점이 있으며, 이들의 물량에 의한 시세의 급변동(pump and dump) 가능성도 있다. 다수의 일반인이 참여할 수 있어야 이런 독점을 피할 수 있겠지만, 일반인이 채굴 시장에 진입하기는 매우 어렵다. 전문 채굴 장비가 없는 평범한 개인이 가정용 컴퓨터로 비트코인을 채굴해봤자 채굴로 얻는 비트코인의 가치보다 전기요금이 더 많이 나오기 때문이다.

일반인들에게 PoW 채굴의 진입장벽은 상상 이상으로 높다. 먼저 고가의 채굴기를 사야 하기 때문에 원금을 회수하는 데 시간이 오래 걸린다. 채굴하기 위해서는 자금력이 필요하다는 이야기다. 또한 이런 채굴기는 팬이 돌아가는 소음 또한 엄청나고, 채굴기 자체에서 어마어마한 열이 나온다. 그 때문에 채굴기가 있는 곳에는 에어컨을 켜서 적정 온도를 맞춰주어야 하므로 여기에도 비용이 든다.

게다가 그나마 GPU 채굴기는 GPU를 구입이라도 할 수 있지만(사실 요즘은 이마저도 어렵다), ASIC 채굴기는 시중에서 구하기가 어려워 웃돈을 주고 사야 하는 경우가 발생하기도 한다. 그렇게 힘들게 구한 채굴기는 몇 년 채굴하고 나면 기계가 노후화되어 못쓰게 되기 때문에 유지관리를 잘 하는 것도 매우 중요하다. 또한 채굴기를 구입하고 나면, 채굴하고자 하는 암호화폐의 채굴 프로그램을 설치해야 하고 여러 가지 세팅을 해야 한다. 컴퓨터 프로그래밍에 대한 전문적인 지식이 없으면 채굴 프로그램을 설치하는 데서부터 막힐 수 있다. 이처럼 PoW 채굴은 진입장벽이 높기 때문에, 기존에 진입한 채굴자들에게 채굴이 집중될 경우 암호화폐의 핵심 개념인 탈중앙화라는 가치를 약화시킬 수 있다.

2. PoS(Proof of Stake, 지분증명)
—

기존 PoW 방식의 문제점을 해결하기 위해 만들어진 채굴 방식이다. PoS 방식으로 채굴되는 코인들은 인터넷이 연결된 PC(저성능·저용량도 무관) 1대만 있으면 된다. 개인 가상 지갑에 코인을 보관해두고, 가상 지갑이 있는 PC를 블록체인 네트워크에 연결해놓기만 하면, 보유한 코인의 양에 비례하여 자동으로 채굴이 된다. PoS 방식은 인터넷에 연결만 되어 있으면 컴퓨터의 성능과 무관하게 채굴이 되는 방식이기 때문에 전력 소모가 낮고, 친환경적이며, 지속 가능한 방식이다.

PoS 방식은 채굴자의 코인 보유량에 따라 보상 확률이 달라진다. 이와 같은 보상 방식은 은행이 이자를 지급하는 것과 비슷한 효과를 낸다. 은행에 예금한 금액이 많을수록 이자가 많이 붙는 것처럼, PoS 채굴자는 보유한 코인의 수가 많을수록 누적되는 채굴 보상액이 많아진다. 암호화폐의 지분이 특정 소수에게 집중되지만 않는다면, 블록 생산자(채굴자)의 탈중앙화로 안전성을 확보할 수 있다. 〈그림 14〉는 나의 퀀텀 지갑 PoS 채굴 내역이다. 한 번 채굴할 때마다 4퀀텀(0.4퀀텀×10)을 보상받는다(박스 부분).

기존의 비트코인과 같은 암호화폐들이 사용한 PoW 방식과 비교하면, PoS 방식이 훨씬 더 미래지향적이라는 사실을 알 수 있다. PoW 방식의 코인들은 런칭 초기에 대량으로 채굴되다

〈그림 14〉 퀀텀 지갑 PoS 채굴 내역 예

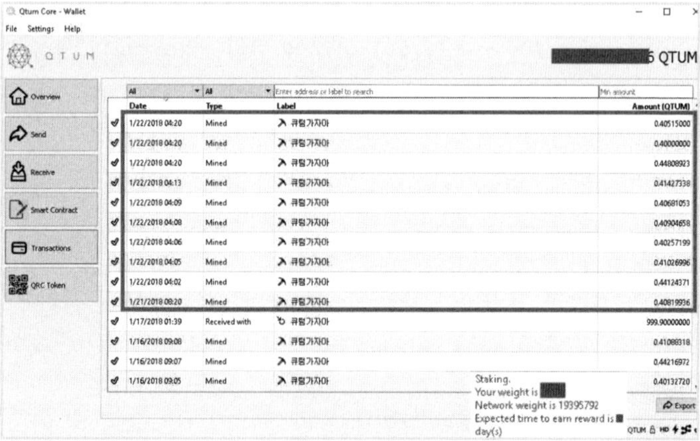

가 갈수록 난이도가 급격히 치솟으며 채굴량이 점점 줄어든다. 반면 PoS 방식은 늘 일정한 양을 정해놓고 발행된다. PoS 코인에서는 보통 1년에 1% 정도의 인플레이션이 만들어지도록 되어 있다. 그래서 '채굴자'라는 변수에 의해 시장의 화폐 가격이 급등 또는 급락하기가 쉽지 않다.

이런 PoS 코인들은 대부분 지분량에 관계없이 코인을 소유한 누구나 채굴에 참여할 수 있다. 퀀텀, 카르다노, 스트라티스가 그 예다. PoS 코인은 많은 사람이 채굴에 참여할수록 네트워크의 안정화에 도움이 되며, 채굴 물량이 잠겨버리기 때문에 시세 안정화에도 도움이 된다. 채굴에 참여할 경우 단기 시세에 대응하기에는 어려움이 있으므로 중·장기 투자에 적합하다.

3. DPoS(Delegated Proof of Stake, 위임된 지분증명)
—

DPoS 방식은 PoS처럼 각각의 노드가 블록 생성 과정에 참여하지만 모든 노드의 투표로 선정된 몇몇 '증인(witness)'에게 권한을 위임하는 방식이다. PoS가 직접선거 방식이라면, DPoS는 간접선거 방식과 유사하다고 생각하면 된다. 간접선거로 대통령을 뽑는 미국은 모든 국민이 대선 투표 과정에 참여하지만 직접선거와는 다르게 '중간 선거인단' 을 뽑는다. 그리고 그 중간 선거인단이 모여서 대통령을 뽑는다. 중간 선거인단을 미리 뽑아두면, 대표자 투표 과정은 직접선거 방식보다 빠르고 효율적이다.

DPoS의 기본적인 채굴 방식은 PoS와 크게 다르지 않다. 다만 블록체인 네트워크에 문제점이 발견되어 네트워크상 수정이 필요할 경우, DPoS 방식은 모든 노드의 합의를 거칠 필요 없이 증인된 노드만 합의하면 네트워크에 변화를 줄 수 있다. 즉, DPoS의 의사결정 과정이 PoS보다 빠르다고 볼 수 있다.

DPoS 방식은 PoS와 마찬가지로 '지분' 증명 방식이기 때문에 DPoS의 장점은 PoS의 장점과 거의 비슷하다. 그렇다면 DPoS의 단점은 무엇일까? '공개된 증인(예컨대 중간 선거인)' 들이 담합할 경우 탈중앙화의 의미가 퇴색할 수 있다는 것이다. 또한 공개된 증인들에 대한 디도스(DDoS) 공격 시 네트워크 시스템이 취약해질 수 있다는 문제점도 있다. 이와 같은 방식을 적용한 코인으로는 아크(Ark), 이오스(EOS) 등이 있다.

주목해야 할
암호화폐 17

시중에 나와 있는 암호화폐의 종류는 수천 가지에 달한다. 이들은 제각기 자신의 미래가 창창하다고 주장하면서 투자자를 끌어들이고 있다. 하지만 그 많은 암호화폐가 모두 사용될 이유도 없고, 그렇게 되지도 않을 것이다. 모든 산업 분야에 반드시 블록체인 기술이 필요한 것은 아니기 때문이다. 결국은 쓸만한 일부 암호화폐만 살아남으리라는 게 내 의견이다. 따라서 암호화폐에 투자할 때는 무엇보다도 철저한 옥석 가리기가 필요하다.

시중에 유통되고 있는 암호화폐의 종류와 특징을 간략히 소개해보고자 한다. 코인마켓캡 기준 시가총액 상위권에 있는 암호화폐 중에서, 한국 대형 거래소에 상장되어 있어서 독자가 궁금해할 만한 암호화폐 총 17개를 골랐다.

1. 비트코인(Bitcoin, BTC)
—

비트코인은 2008년에 사토시 나카모토(그의 실체에 대해서는 아직까지 밝혀진 바가 없다)라는 개발자가 만들었다. 발행 방식은 PoW(Proof of Work, 작업증명) 방식이며, 총발행량이 2,100만 개로 한정되어 있다. 초기 발행 시에는 채굴에 대한 보상으로 50BTC를 지급했으나, 두 번의 반감기(비트코인은 21만 블록마다 채굴 보상이 절반씩 줄어든다)를 거쳐서 지금은 12.5BTC가 지급된다. 그뿐 아니라 시간이 갈수록 채굴 난이도가 올라간다. 이런 이유로 비트코인의 채산성은 시간이 갈수록 나빠지고 있다.

비트코인은 10분에 1개의 블록이 생성되고, 블록의 최대 크기는 1MB다. 이를 수치로 환산해보면 1초당 평균 6~7건, 10분마다 약 4,000건의 거래를 처리할 수 있다는 뜻이다. 하지만 암호화폐 시장이 커진 이후로 넘쳐나는 거래량을 감당하지 못해 병목현상이 일어나고 있으며, 이 때문에 높은 거래 수수료 문제와 늦은 전송 속도 문제가 대두되고 있다. 이를 계속해서 방치하면 비트코인의 가치에 큰 타격을 줄 수도 있기 때문에 문제점을 해결하려는 대안들이 등장하고 있다. 다음은 그 예다.

- 세그윗(SegWit, Segregated Witness): 블록체인상의 거래는 송신자, 수신자, 전자서명이라는 세 가지 요소로 이루어져 있다. 세그윗은 세 요소 중에서 블록의 헤더에 기록된 '전자서명' 부분만 별도로 분리하여 저장하는 방식이다. 세그윗을 채택하면 기존의 블록 사이즈(1메가)를 바꾸지 않고도 블록 사이즈를 최대 4메가로 키운 것과 같은 효과를 낼 수 있다. 세그윗은 소프트포크(soft fork)★ 방식으로 업데이트가 진행되었기 때문에 기존 블록체인 네트워크를 그대로 이용할 수 있다.
- 비트코인ABC(BitcoinABC): 비트코인ABC는 엄밀히 말하면 비트코인 캐시 프로토콜을 지원하는 회사(단체)의 이름이다. 편의상 이들이 제시한 비트코인의 문제점 해결 방안을

★ 포크(fork)란 '포크로 꼭 집어 복사(copy)하는 것'을 의미하며, 하드포크와 소프트포크가 있다. 하드포크는 기존 버전과 호환되지 않는 업그레이드를 의미한다. 비트코인을 하드포크한다면, 기존의 블록체인 네트워크(비트코인)와 분리된 별도의 암호화폐를 만드는 것이다. 반면 소프트포크는 블록체인을 업그레이드하되, 기존 네트워크에서 분리하지 않고 단순 오류를 수정하는 정도의 업데이트다. 비트코인을 소프트포크한다면, 비트코인 자체의 성능은 높이면서 기존의 비트코인 생태계는 그대로 유지가 된다. 하지만 소프트포크는 기존의 낡은 시스템을 유지하면서 업그레이드를 진행하게 되기 때문에 업그레이드에 한계가 있다.

'비트코인ABC 방식'이라고 부른다. 이 방식은 세그윗(서명 분리)을 하지 않고 블록 사이즈를 확장시켜서 기존 비트코인의 문제점을 해결하고자 한다. 비트코인ABC는 하드포크(hard fork) 방식의 업데이트이므로 기존 비트코인 블록체인 네트워크로부터 분리되어 새로운 블록체인을 형성한다. 비트코인ABC에서 비트코인을 하드포크하여 나온 암호화폐가 바로 '비트코인 캐시'다.

2. 비트코인 캐시(Bitcoin Cash)
—

비트메인(Bitmain)이라는 채굴 커뮤니티의 대표 격인 우지한과 암호화폐계에서 거대 자본가로 불리는 로저 버의 지지로 출발한 암호화폐다. 2017년 8월 1일 비트코인 478558번 블록까지 하드포크하여 기존의 비트코인에서 분리되어 나왔다. 비트코인 캐시는 비트코인ABC 기술을 적용함으로써 블록의 사이즈를 2~8MB까지 유동적으로 확장할 수 있도록 했다. 즉, 비트코인 캐시는 블록 사이즈를 확장시킴으로서 1개의 블록에 더 많은 거래 내역을 담을 수 있게 했다. 더 적은 비용으로 많은 거래를 처리할 수 있으므로 거래에서 발생하는 수수료도 줄어들고, 채굴자(miner, staker)에 의한 거래 확인(컨펌) 과정도 빨라져 거래 속도 향상을 기대할 수 있다.

비트코인 캐시의 총공급량은 비트코인과 같이 2,100만 개다. 2017년 8월 하드포크 당시 1,600만 개가 발행되었다. 비트코인을 소유한 사람들에게 1:1 비율로 비트코인 캐시를 지급한 것이다. 현재 비트코인 캐시의 유통 물량은 약 1,700만 개에 달한다.

비트코인 캐시는 비트코인과 마찬가지로 SHA256 알고리즘을 사용한 PoW 방식을 채택하고 있다. 현재 한 번 채굴 시 약 12.5비트코인 캐시를 받을 수 있다. 채굴 보상에 대한 반감기는 21만 블록으로 비트코인의 반감기와 같다. 비트코인과 마찬가지로 마이닝풀(mining pool) 등의 노드 제공자들에 의해 구동되는 블록체인 네트워크 시스템이다. 비트코인ABC 등에 의해 기술적 지원을 받고 있다.

3. 비트코인 골드(Bitcoin Gold, BTG)
—

비트코인 골드는 2017년 10월 24일에 비트코인을 491407블록에서 하드포크한 암호화폐다.

홍콩에 기반을 둔 암호화폐 채굴업체 '라이트닝ASIC'의 잭 리아오(Jack Liao)가 최초로 만든 암호화폐이며, 현재 익명의 리드 개발자가 개발팀을 이끌고 있다.

비트코인 골드는 비트코인이 사용하던 기존 PoW 채굴 방식에서 약간의 변화를 주었다. 비트코인과 비트코인 캐시는 고성능의 주문 제작형 반도체(ASIC)를 이용하여 채굴하는 반면, 비트코인 골드는 그래픽카드(GPU)를 이용하여 채굴한다. ASIC보다 GPU가 시중에서 구하기 쉬우므로 비트코인 골드는 비트코인 채굴을 좀더 보편화하고자 한 하드포크라고 할 수 있다.

이렇게 채굴 방식을 바꾸면, 전문적인 채굴 장비가 없는 사람도 코인을 채굴할 수 있게 되기 때문에 채굴에 대한 진입장벽을 어느 정도 해소했다고 할 수 있다. 채굴 방식에 변화를 주기 위해서 알고리즘 함수를 기존 비트코인에 적용된 'SHA256'에서 GPU 채굴에 더 적합한 알고리즘인 'Equihash'로 바꾸었다.

비트코인 골드의 총공급량은 2,100만 개로 비트코인과 같다. 비트코인 골드는 비트코인과 블록 생성 속도도 동일하고, 블록 사이즈의 변화도 없어 전송 속도도 비슷하다.

4. 이더리움(Ethereum, ETH)

—

이더리움 프로젝트는 2014년 러시아 출신 비탈릭 부테린(Vitalik Buterin)이라는 프로그래머가 주도하여 개발한 암호화폐다. 이더리움은 개발 당시 온라인 크라우드 세일을 통해 투자금을 받아 설립되었다. 기존 비트코인, 비트코인 캐시, 비트코인 골드와 같은 암호화폐들은 블록체인 기술이 적용된 '자산(asset)'으로서의 가치만 지니고 있다. 반면에 이더리움은 단순히 자산으로서의 가치에 머무르지 않고, 블록체인 네트워크를 활용하여 일종의 플랫폼 역할까지 수행할 수 있도록 만들어졌다.★ 이더

★ 나는 암호화폐가 4차 산업혁명에서 중요한 역할을 할 것이라고 생각한다. 그렇게 생각하게 된 계기는 암호화폐는 '자산'으로서 기능뿐만 아니라, 블록체인 기술의 '플랫폼(정거장)' 역할을 할 수 있기 때문이다. 플랫폼 암호화폐란 코인 소유자들에 의해 형성된 블록체인 네트워크를 다방면으로 활용할 수 있게 한 암호화폐를 말한다. 마치 지하철이 승강장(플랫폼) 사이를 지나다니는 것처럼, 플랫폼 코인들은 다양한 프로그램이 블록체인 위에서 구동될 수 있게 하는 역할을 한다.

쉬운 예로 스마트폰을 들 수 있다. 스마트폰의 앱들은 각각 안드로이드나 IOS(애플) 같은 플랫폼들을 기반으로 만들어졌다. 스마트폰은 제조사마다 안드로이드, IOS 등의 다양한 플랫폼을 사용하고 있고, 그런 플랫폼을 바탕으로 수많은 앱 제작 회사가 유용한 앱들을 만들어가며 생태계를 구축해간다.

암호화폐도 마찬가지다. 이더리움을 필두로 한 플랫폼 암호화폐들은 각자의 블록체인 네트워크를 플랫폼으로 활용할 수 있다. 그렇게 플랫폼 암호화폐들이 제공하는 블록체인 플랫폼을 기반으로 만들어진 앱들을 디앱이라고 부른다. 이더리움은 스마트 계약을 통해 디앱들의 플랫폼 역할을 할 수 있는 최초의 암호화폐가 되었다. 이후로도 네오, 퀀텀, 이오스 등 다양한 암호화폐가 스마트 계약을 통해 암호화폐 플랫폼 시장에 도전장을 내밀고 있다.

리움은 '스마트 계약(smart contract)'이라는 기술을 통해 블록체인 기술의 플랫폼이 될 수 있었다.

스마트 계약이란 계약서에 미리 계약 조건을 입력한 후 그 조건에 맞는 사용자가 나타날 경우 계약이 자동으로 즉시 체결되는 개념이다. 즉, 중간에 사람이나 특정한 관리자의 개입이 전혀 없어도 시스템 스스로 계약을 검증하고 실행시켜주는 개념이라고 할 수 있다. 스마트 계약을 좀더 이해하기 쉽도록 부동산 거래를 예로 들어 설명해보겠다. 부동산을 기존 계약 방식으로 거래할 경우 매수자는 판매자 측과 만나서 계약을 작성해야 하며, 거래를 매개하고 공증해줄 공인중개사(중개인)가 필요하다. 이 과정에서 매수자와 판매자는 가격을 합의하여 계약서를 작성하고, 중개인을 통해서 거래 비용을 지불하는 절차를 거친다. 그러고 나서 매수자와 판매자가 각각 본인들과 연관된 세금을 내고 명의를 이전하여야만 비로소 부동산 거래가 완전히 마무리된다. 이런 직접 거래에서는 중개인이 필요하기 때문에 추가 비용이 발생하며, 대금을 지급하는 과정에서 자칫 잘못하면 사기를 당하거나 피해를 볼 가능성도 있다.

만약 이런 부동산 거래를 스마트 계약을 통해서 진행한다면 어떻게 될까? 스마트 계약이라면 그 블록체인 네트워크상에서 판매자와 매수자가 각각 자신이 원하는 가격과 조건 등을 스마트 계약의 계약서에 기입해놓기만 하면 된다. 예를 들어, 부동산 판매자 측에서 500이더리움에 A라는 부동산의 소유권을 이전하는 스마트 계약을 만들어놓았다고 해보자. 매수자 측이 이 스마트 계약을 발견하고 500이더리움을 판매차 측의 지갑으로 전송하기만 하면, 모든 계약 절차가 자동으로 끝난다. 블록체인 네트워크상에서 거래대금이 지불됨과 함께 스마트 계약서에 기입해놓은 모든 조항이 시스템상에서 자동으로 진행되기 때문이다. 이런 스마트 계약을 이용하면 중개인이 필요 없기 때문에 중개 수수료가 들지 않을 뿐만 아니라, 시스템상에서 조건을 충족하면 자동으로 거래를 진행하기 때문에 거래대금을 떼일 염려가 없다. 그저 블록체인 네트워크 사용 시 발생하는 기본 수수료만 지불하면 된다.

이런 스마트 계약은 중개인이나 보증인의 개입 없이도 안전하게 거래를 진행할 수 있도록 도와주기 때문에 금융이나 게임, 미디어 등 다양한 산업 분야에서 활용될 수 있다.

이더리움 프로젝트에서는 '이더리움 버추얼 머신(Ethereum Virtual Machine, EVM)'을 만들었고, 이 EVM을 이용하여 스마트 계약을 구현하도록 설계했다. 이런 이점들이 있기 때문에 현재 새로 출시되는 암호화폐는 대부분 이 '스마트 계약'을 활용하고자 EVM을 채택한다. 이더리움은 아직 PoW 채굴 방식을 사용하고 있으나 2018년 상반기에 PoS(Proof of Stake, 지분증명) 방식으로 전환할 예정이다. 다른 PoS 암호화폐들처럼 이더리움도 최대 발행량이 제한되지 않는 대신, 최소한의 인플레이션을 적용할 것으로 보인다.

5. 이더리움 클래식(Ethereum Classic, ETC)
—

2016년 6월, 이더리움 플랫폼을 이용한 'The DAO project(Decentralized Autonomous Organization project, 탈중앙화 자율조직 프로젝트)'의 ICO가 진행되었다. DAO 프로젝트는 ICO를 통해 당시시가로 2,000억 원 가까이 되는 이더리움을 투자받았고, 투자자들은 이더리움에 투자한 보상으로 다오토큰을 지급받았다. 그러나 문제는 당시 다오 프로젝트에 사용된 스마트 계약에 보안적 결함이 있었다는 것이다. 해커들이 이런 보안상의 취약점을 발견하고 약 243만 개의 이더리움(당시 600~700억 원가량)을 인출해 갔다. 그로 인하여 다오 프로젝트에 투자한 투자자들은 크나큰 손실을 입게 되었다.

2016년 7월, 이 사건 때문에 이더리움재단은 사용자들과 논의한 끝에 다오 프로젝트가 진행되기 전의 블록으로부터 새로운 코인(이더리움)을 다시 만들기로 결정했다. 이더리움재단은 이더리움의 19만 2,000번째 블록을 하드포크하여 다오 프로젝트를 없었던 일로 만들어버리고, 피해자들에게 투자했던 만큼의 이더리움을 돌려주었다. 그리하여 새롭게 하드포크된 블록체인이 오늘날의 이더리움이 되었다.

그러나 일부 사용자는 블록체인상에서 일어난 일을 마음대로 과거로 돌리는 일(당시의 하드포크)에 반대했고, 하드포크 이전의 이더리움을 그대로 쓰자고 주장하는 사람들이 나타났다. 이 세력들에 의해 하드포크를 하기 전의 상태인 기존의 이더리움이 거래소 폴로닉스(Poloniex)에 상장되었고, 이것이 오늘날의 이더리움 클래식이 되었다. 즉, 이더리움 클래식은 이더리움 해킹 사태가 발생했던 당시의 기존 이더리움이고, 오늘날의 이더리움은 해킹 사태 이후 새롭게 생긴 이더리움이다.

대다수의 채굴자가 새롭게 태어난 이더리움을 지지하고 이더리움 클래식을 외면했기 때문에 이더리움 클래식은 한동안 해시파워(hash power, 계산 속도)조차 제대로 유지하지 못했다. 그래서 블록체인 네트워크로서의 존재 가치가 불투명해지기도 했으나 지금은 기타 투자자들과 새로운 개발팀, 마이닝풀에 의해 조금씩 다시 자리를 잡아가고 있다.

6. 리플(Ripple, XRP)

—

리플은 차세대 글로벌 결제 네트워크를 표방한다. 리플넷
(RippleNet, 리플 네트워크 시스템)을 이용하면, 전 세계 어디든지 각
나라의 화폐를 4초 이내에 송금할 수 있다. 리플은 리플넷을 이
용한 실시간 총액결제시스템(RTS)으로 국제결제시스템망(SWIFT)
을 대체하고자 한다. SWIFT는 현재 각국의 은행들이 해외로 돈
을 송금할 때 이용하고 있는 시스템망의 이름이다. 기존 SWIFT
상에서는 송금이 며칠씩 걸리기도 하며, 데이터 전송에 문제가
있을 때는 거래가 취소되기도 하는 문제점이 있었다. 리플은 블
록체인 시스템을 환전 거래에 적용함으로써 기존 환전 및 송금
시스템상에서 발생하는 문제점들을 해결하고자 탄생했다.

리플은 탈중앙화를 특징으로 하는 여타 암호화폐와는 성격
이 다르다. 리플은 '중앙화'된 암호화폐다. 리플도 블록체인
기술을 사용하지만 리플랩스(RippleLabs)가 지정한 노드들에 의
해 블록체인 네트워크가 구동된다. 이와 같은 블록체인을 '프
라이빗 블록체인(private blockchain)'이라고 부른다.

리플랩스가 처음에 리플을 발행하고, 발행한 리플은 거래 수
수료(매 거래 시 최소 0.00001XRP)로 사용되면서 서서히 소멸된다. 채
굴의 개념이 없고, 초기 발행한 리플이 다 소진되면 끝나는 구조

다. 리플랩스는 초기에 리플 1,000억 개를 발행했다. 그중 55%는 과다 공급 우려와 문제점을 보완하기 위해 에스크로(Escrow, 예탁) 계정에 예치했고, 발행량의 약 6%를 리플랩스가 보유하고 있다. 나머지 약 40%에 해당하는 리플이 시중에 유통되고 있다.

리플은 P2P 서비스 이동키(eDonkey)의 공동 설립자이자, 암호화폐 거래소 마운트곡스(Mt.GoX)를 설립했던 제드 매캘럽(Jed McCaleb)을 필두로 만들어졌다(매캘럽은 이해관계 및 방향성에 대한 의견 충돌로 2014년 리플랩스를 나와 '스텔라 루멘(Stella lumen)'을 창업했다). 매캘럽과 크리스 라슨(Chris Larsen)이 2012년에 공동으로 오픈코인(OpenCoin)을 설립했으며, 이것이 오늘날의 리플랩스다. 리플 개발팀은 보안 및 암호 분야의 전문가들로 구성되어 있다. 리플은 또한 SBI 그룹(SBI group), 스탠다드차타드(Standard Chartered), 산탄데르(Santander), 구글벤처(Google Ventures) 등 유명 벤처캐피털로부터 투자를 받았다.

7. 라이트코인(Litecoin, LTC)
—

라이트코인은 2011년 10월에 시작된 암호화폐다. 구글 출신의 개발자 찰리 리(Charlie Lee)가 개발을 주도했다. 비트코인의 단점인 느린 전송 속도를 개선하여 암호화폐가 실생활에서 더욱 빈번히 사용되게 하자는 목표로 만들어진 코인이다. 비트코인의 블록 생성 속도는 10분인데, 라이트코인의 블록 생성 속도는 이보다 4배 빠른 2.5분이다. 라이트코인의 발행량은 8,400만 개(비트코인 발행량의 4배)다. 라이트코인의 채굴 보상 반감기는 비트코인의 4배인 84만 블록이다. 현재 라이트코인은 135만 블록이므로 1번의 반감기가 적용되어 채굴 보상은 25라이트코인이 되었다. 168만 블록이 되면 라이트코인의 보상도 12.5라이트코인이 될 것이다.

라이트코인은 '에스크립트(Scrypt)'라는 해시 알고리즘을 적용했는데, 이는 SHA256보다 병렬 처리가 더 어려워 채굴 난이도를 높여주었다. 라이트코인은 ASIC, GPU 채굴 둘 다 가능하다. 라이트코인은 비트코인API와 호환성이 좋아 기존 비트코인을 지원하는 프로그램(결제시스템 등)에서도 큰 변경 없이 사용할 수 있다.

2017년 12월, 라이트코인 창업자 찰리 리가 자신이 보유하고 있는 라이트코인 전량을 매도했다고 밝힘으로써, 투자자들의 공분을 산 적이 있었다. 그러나 라이트재단 측에서는 1월에 찰리 리가 라이트코인재단에 수백만 달러를 기부했고, 개인의 이득을 위해 라이트코인을 처분한 것이 아님을 밝혔다. 라이트코인 개발팀은 현재 라이트닝 네트워크(lightning network)★ 라는 기술을 개발 중이다.

8. 아이오타(IOTA)

—

아이오타는 사물인터넷에 특화된 암호화폐를 모토로 데이비드 선스테보(David sonstebo) 등 4명의 전문가가 2015년에 만든 독일의 비영리단체 프로젝트다. 아이오타는 프로젝트 출범 당시

★ 블록체인 기술을 이용하여 송금이나 결제를 진행하려면, 보통 10분 이상이 걸린다. 새로이 발생한 거래는 채굴자의 검증을 받는 데 시간이 필요하기 때문이다. 보통 10번 이상의 확인 과정을 거쳐야만 비로소 거래가 '유효성'을 가지게 된다. 즉, 거래가 제대로 되었는지 확인하려면 최소한 10번 이상의 확인 과정이 끝날 때까지 기다려야 한다는 것이다. 암호화폐의 이런 특징은 블록체인의 검증 과정이 끝날 때까지 기다리기 어려운 거래에서는 단점으로 작용한다. 예를 들어 레스토랑에서 암호화폐로 결제한다고 할 때, 거래 확인까지 10분 이상이 소요된다고 해서 무턱대고 손님을 붙잡아둘 수는 없는 노릇이다. 라이트닝 네트워크는 이런 상황에서 암호화폐를 이용해도 빠른 결제가 가능하게끔 하려는 개선책이다.
라이트닝 네트워크에서는 블록체인 네트워크상 발생한 모든 거래를 블록체인에 바로 올리지(on-chain) 않는다. 대신, 다음과 같은 방식을 사용하여 거래 확인 시간을 단축한다. 먼저, 거래 참여자들이 사전에 충분한 양의 암호화폐를 특정 주소로 보내 채널을 만든다. 그리고 이 채널 안에서 거래를 먼저 마치도록 한다. 기존 블록체인에 기록하며 거래하는 과정은 블록 생성 시간이 필요했지만, 이미 열려 있는 채널(off-chain)에서 이루어지는 거래는 블록 생성 시간을 기다릴 필요가 없으므로 즉시 완료된다. 이렇게 거래가 완료되고 난 뒤에, 채널에서 발생한 거래 내역을 블록체인에 올려서 처리한다. 이렇게 하면 먼저 거래가 완료되었음을 증명한 뒤에 처리 과정을 밟게 되므로, 블록체인을 통해 결제하더라도 10번 이상의 확인 과정이 끝날 때까지 기다릴 필요가 없어진다. 암호화폐가 화폐로서의 가치를 더욱 발휘하려면, 라이트닝 네트워크 기술의 개발이 완료되어 블록체인에 적용되어야 할 것이다.

크라우드펀딩을 통해 비트코인 약 1,300개(당시 시가로 약 50만 달러)를 투자받았다. 아이오타는 2016년 7월에 메인넷(정식 서비스)을 시작했고, 2017년 11월 독일 정부의 공식 인가를 받았다.

아이오타는 초기에 IOTA 2,778조 개(MIOTA 27억 개)를 발행했다. 다만 IOTA의 천문학적인 발행량 탓에 1개 단위로 거래할 경우 표기가 불가능할 정도로 가격이 매우 작아지기 때문에 우리가 IOTA를 거래할 때는 IOTA라는 단위 대신 Mega IOTA의 약자인 'MIOTA'라는 단위를 사용한다. 1MIOTA는 100만 IOTA를 뜻한다. IOTA는 리플과 마찬가지로 추가발행으로 인한 인플레이션이 없다. 아이오타는 블록체인 네트워크를 이용하지 않고, 새롭게 '탱글(Tangle)'이라는 개념을 도입했다.

〈그림 15〉에서 사각형은 각각의 트랜잭션(거래)을 나타낸다. 우측으로 갈수록 새롭게 발생한 거래들이며, 왼쪽으로 갈수록 과거의 거래 내역들을 나타낸다. 기존 블록체인 네트워크에서는 거래가 발생하면 이를 '블록'에 담고, 채굴자가 거래 내역이 담긴 블록을 검증해주는 역할을 했다. 그에 비해 IOTA가 제시하는 탱글에서는 여러 거래 내역의 묶음인 '블록'이 없고, 오로지 '트랜잭션'만 존재한다. 그리고 기존의 트랜잭션 2개를 새로운 트랜잭션 1개가 직접 검증하는 과정을 거친다. 2개의 트랜잭션에 대한 검증을 마친 새로운 트랜잭션은 다른 트랜잭션

〈그림 15〉 탱글의 모형도

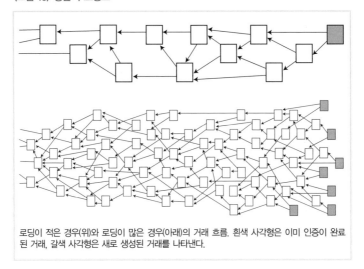

로딩이 적은 경우(위)와 로딩이 많은 경우(아래)의 거래 흐름. 흰색 사각형은 이미 인증이 완료된 거래, 갈색 사각형은 새로 생성된 거래를 나타낸다.

이 자신을 검증해줄 때까지 기다려야 한다. 그래서 탱글 네트워크 참여자는 모두가 거래 참여자인 동시에 다른 거래를 검증하는 채굴자의 역할을 한다.

IOTA 네트워크에서는 서로 다른 두 가지 트랜잭션을 검증할 때 트랜잭션 참여자의 컴퓨팅 파워(PoW 방식)를 이용한다. 이런 방식은 트랜잭션의 수가 많으면 많을수록 네트워크가 안정화된다는 특징이 있다. 즉, 사용자가 많아지면 많아질수록 많은 양의 트랜잭션을 더욱 빠르게 처리할 수 있다. 또한 탱글 네트워크에서는 채굴자가 없으므로 채굴자에게 주어야 하는 수수료가 발생하지 않는다. 그래서 IOTA는 소액결제나 사물인터넷 등에서 효과적으로 사용할 수 있다.

탱글 역시 라이트코인의 라이트닝 네트워크와 유사한 '플래시 네트워크'라는 개념의 시스템을 개발 중이다. 이를 통해 더욱 빠른 거래 속도를 구현하고자 한다. 또한 거래의 익명성을 원하는 네트워크 참여자에게는 거래를 믹싱(210쪽 참조)해줌으로써 비공개 거래도 지원하고자 한다.

블록체인 기술은 수년간 여러 가지 사건·사고를 거치면서 안전성이 검증되었지만, IOTA가 제시한 탱글이라는 개념은 블록체인과는 또 다른 새로운 기술이다. 따라서 탱글 네트워크의 안전성이 검증되려면 아직은 충분한 시간과 경험이 쌓여야 할 것으로 보인다.

9. 이오스(EOS)
—

이오스는 이더리움과 같은 블록체인 플랫폼이 가지고 있는 문제점을 개선하고자 새롭게 출범한 프로젝트다. 현재 블록체인 플랫폼들은 네트워크를 제공하고 이용하는 사람들 모두가 수수료를 부담해야 한다는 문제점이 있다.

예를 들어, 이더리움 플랫폼을 기반으로 만든 게임 '크립토키티(CryptoKitties)' 앱을 생각해보자. 크립토키티 게임을 즐기려면 사용자는 이더리움 지갑 계정을 만들고, 지갑에 네트워크 수수료로 이용될 소량의 이더리움을 가지고 있어야 한다. 즉, 앱에 접속하기만 해도 네트워크 이용료가 부과되는 시스템이라고 생각하면 된다. 그런데 게임을 이용하면서 매번 네트워크 이용료를 내라고 하면, 게임을 하고자 하는 동기가 줄어들 수 있다.

이런 기존 플랫폼 코인들의 단점을 극복하기 위해서 이오스는 앱 사용자들에게 네트워크 수수료를 받지 않는 블록체인 플랫폼을 구현하고자 한다. 이오스 플랫폼이 구현된다면 앱 개발자 입장에서는 앱이 대중화되는 데 도움이 될 것이고, 사용자 입장에서는 좋은 앱을 네트워크 사용료 없이 이용할 수 있게 된다는 장점이 있다.

또한 이오스는 기존 블록체인 플랫폼 네트워크에 비해 빠른 속도와 안정적인 거래 처리, 네트워크의 확장성을 제공함으로써 더 나은 플랫폼이 되고자 한다. 이오스는 DPoS(Delegated Proof of Stake, 위임된 지분증명) 합의 과정을 채택했다.

이오스는 2018년 6월 1일까지 ICO가 진행될 예정이다. 특이하게도 이오스는 ICO가 진행 중임에도 몇몇 주요 거래소에 상장되어 있다. 이오스를 매수하려면 거래소를 통해 간편하게 매수할 수도 있고, 이더리움을 가지고 ICO에 참여하여 EOS를 받는 방법도 있다. 이오스 ICO는 총 10억 EOS 분배를 목표로 매일 진행되고 있다. 매일 200만 EOS를 경매하여, 그날의 참여자 수로 나눈 비율만큼 분배하는 식으로 진행되고 있다. 이오스는 아직 테스트넷 단계이며, 2018년 6월에 메인넷을 출범할 예정이다.

이오스 창립자 댄 래리머(Dan Larimer)는 블록체인계에서 매우 유명하고 영향력이 있는 개발자다. 2014년에 문을 연 탈중앙화 암호화폐 거래소 '비트셰어(Bitshares)'의 창립자 중 한 명이고, 2016년에는 스팀(Steem)을 창립했다. 이런 이력을 종합해 보았을 때, 댄 래리머는 신뢰할 만한 개발자로 검증이 되었다고 볼 수 있다.

10. 스팀(Steem)
—

스팀은 퍼블릭 콘텐츠 생태계의 발전을 지향하는 DPoS 방식의 블록체인 기반 플랫폼이다. 스팀은 투표를 통해 선정된 20인의 노드에 의해서 채굴작업이 이루어진다. 또한 기존 노드들의 이탈을 대비하여 예비 노드 후보 80인이 있다. 20명의 채굴자에 의해 채굴된 스팀의 10%는 채굴자들이 나누어 갖고, 15%는 스팀파워(Steem Power, SP)를 유지하는 사용자들에게 분배된다. 나머지 75%의 스팀은 스팀잇(Steemit) 사이트에서 사용자들(글쓴이, 추천자)에게 보상으로 주어진다. 스팀은 거래소에서 사고팔 수 있는 암호화폐다.

스팀이 제공하는 SNS 서비스 '스팀잇'에서는 글쓰기, 글수정, 투표, 친구 맺기 등의 모든 과정을 스팀 블록체인에 영구적으로 기록한다. 글을 기록하거나 큐레이션 등의 활동을 하면, 그에 의한 보상으로 스팀달러(Steem dollar, SBD)나 스팀파워를 준다. 일일 글 작성량에 대한 제한은 없고, 작성 후 7일 뒤 보상을 받는다. 사용자는 스팀잇 내의 활동에 따른 보상을 스팀파워 100%로 받을 것인지, 스팀달러 50%와 스팀파워 50%로 받을 것인지, 또는 보상을 받지 않을 것인지 선택할 수 있다.

스팀파워는 스팀잇 사이트에서의 '영향력'과 비례한다. 많은 스팀파워를 가진 사용자가 어떤 글에 투표하면, 글쓴이는 더 많은 보상을 받게 된다. 투표에 참여한 자신도 스팀파워가 많을수록 큐레이션 보상이 늘어난다. 스팀파워는 '스팀'으로만 매수할 수 있다. 스팀을 스팀파워로 전환하는 것은 한 번에 이루어지지만, 스팀파워를 스팀으로 다시 변환하려면 총 13주가 걸린다. 변환 신청된 스팀파워는 총 13주에 걸쳐서 매주 13분의 1씩 스팀으로 분할 변환하여 지급된다. 스팀파워 자체로도 소량의 이자(약 1%)가 붙는다. 스팀파워 시스템을 도입함으로써 스팀 가격의 변동성을 어느 정도 줄이고, 장기 투자자들의 유인책이 되게끔 했다.

스팀달러는 스팀 커뮤니티가 스팀을 담보로 발행하는 부채이고, 스팀 시가총액의 5% 미만으로 발행하도록 한다. 1스팀달러는 최소한 미 달러화 1달러에 해당하는 가치를 보장해준다(미화 1달러로 가치가 고정된 것은 아니다). 스팀달러 보유자는 스팀 커뮤니티를 통해 언제든지 자신의 스팀달러를 '1스팀달러 = 미 달러화 1달러'에 해당하는 스팀으로 바꿀 수 있다(그래서 스팀달러의 가격이 미화 1달러를 넘어서면 누구도 스팀 커뮤니티에서 스팀달러를 스팀으로 바꾸지 않는다). 커뮤니티를 통해 스팀달러를 스팀으로 전환하는 데에는 3.5일이 걸린다. 스팀에서 자신의 글을 홍보하려면 스팀달러를 이용해야만 한다. 또한 스팀달러는 거래소에서 법정 화폐로 환전할 수 있다.

스팀의 화폐 체계는 다소 복잡하지만 합리적인 보상 체계를 갖추었다고 볼 수 있다. 스팀잇에 참여하는 모든 사용자가 각자의 활동에 대해 합당한 경제적 보상을 받을 수 있다. 암호화폐에 관한 다양한 정보를 얻고자 할 때, 반드시 거치게 되는 곳이 스팀잇이다. 스팀과 스팀잇은 블록체인이 실생활에서 쓰이고 있는 좋은 사례다.

11. 카르다노(Cardano), 에이다(ADA)
—

카르다노는 홍콩의 IOHK(InputOutput HongKong)라는 회사에서 개발한 블록체인 플랫폼의 이름이다. 그리고 이 블록체인 플랫폼에서 발행한 암호화폐의 이름이 '에이다'다. 카르다노는 2015년에 개발되기 시작했고 이후 2017년 10월에 ADA를 발행했다. 카르다노의 ICO는 4차례에 걸친 프리세일(pre-sale) 과정을 통해 이뤄졌다. 총 10만 8,844개의 비트코인을 모았고, 엔화로 환산할 때 30억 엔이 넘는 금액이 모였다. 매우 성공적인 ICO였다고 할 수 있다. 실제로 프리세일 당시 설립자가 일본에서 홍보를 많이 했기에, 10만 개가 넘는 비트코인 중 94.45%가 엔화로 매수된 비트코인이었다. 그래서 '일본인이 사랑하는 에이다'라는 이야기가 나오게 되었다. 초기 에이다 발행량 450억 개 중 약 260억 개가 프리세일 참여자에게 배분되어 유통되고 있다.

IOHK의 대표 창립자 찰스 호스킨슨(Charles Hoskinson)은 비트코인 프로젝트 출신이고, 탈중앙화 암호화폐 거래소 비트셰어 개발에 참여했다. 또한 이더리움 초창기 팀에서 일했으며, 약 6개월간의 이더리움 CEO 경력이 있다. 스팀과 이오스의 댄 래리머 못지않은 화려한 경력을 지닌 개발자라고 볼 수 있다.

카르다노는 퀀텀(Qtum)과 같은 PoS 방식의 합의 과정을 채택한 블록체인 플랫폼이다. 우로보로스(Ouroboros) 프로토콜을 제시하고 있는데, 우로보로스는 두 가지 계층(multilayer)으로 구성되어 있다. 하나는 계정에 대한 내용과 스마트 계약에 관한 '합의 계층(settlement layer)'이고, 다른 하나는 스마트 계약에 대한 신원 확인 및 감시 등의 기능을 하는 '연산 계층(computation layer)'이다. 이런 연산 계층이 있기에 카르다노는 탈중앙화를 달가워하지 않는 정부나 기관 등과 합의점을 찾고자 하며, 기존 금융 시스템에 녹아들고자 시도하고 있다. 시간이 좀 걸리겠지만 두 계층이 완성되고 나면, 카르다노 플랫폼을 바탕으로 스마트 계약을 사용하는 금융에 특화된 디앱이 출범할 예정이다.

또한 카르다노는 난해하지만 안전성이 높다고 평가받는 프로그래밍 언어 '하스켈(Haskel)'로 프로그래밍되어, 나중에 나올 양자컴퓨터에 의한 해킹으로부터 네트워크를 안전하게 보호할 수 있다. 또한 확장성이 있어서 나중에는 소프트포크만으로도 시스템 성능을 업그레이드할 수 있도록 설계되었다.

카르다노는 2017년 9월 메인넷이 런칭되었다. 머지않아 에이다도 PoS 채굴이 가능해질 것이다. 장기 투자자 입장에서 채굴 이자는 매우 매력적인 요인이다. 카르다노는 에이다의 '다이달로스(Daedalus) 지갑'과 연동되는 카르다노 직불카드를 만들기 위해 준비 중이다. 이는 암호화폐를 실생활에서 편리하게 이용할 수 있도록 개발된 암호화폐 직불카드 '센트라(Centra)'와 비슷한 개념이다. 또한 카르다노는 일본에서 ATM을 이용해 에이다를 엔화로 환전하거나 인출하는 서비스를 제공하고자 준비 중이다.

12. 뉴이코노무브먼트(New Economy Movement, NEM)
—

NEM은 '스마트 자산 시스템'을 모토로 하는 블록체인 플랫폼이다. NEM의 스마트 자산 시스템은 핀테크나 물류 추적, ICO, 서류 공증, 탈중앙화 인증 등 다양하게 쓰일 수 있다. NEM은 초기에 자신들의 암호화폐 'XEM'을 90억 개 발행했고, 더는 발행하지 않는다. 초기에 발행된 XEM은 약 1,500명의 사용자에게 나누어졌고, 그들을 통해 시장에 유통되었다.

NEM이 선택한 합의 과정은 'POI(Proof of Importance, 중요도증명)' 방식이다. 즉 사용에 따라 이익을 주는 합의 방식이다. PoS의 경우에는 지분이 많을수록 이익을 주지만, POI 합의 방식에서는 해당 암호화폐를 많이 갖고 있는 것도 중요하지만 암호화폐를 거래에 많이 사용하는 것도 중요하다. 거래 시 발생하는 수수료를 POI 점수가 높은 사람에게 주기 때문이다. POI 점수는 NEM을 사용하여 거래를 많이 할수록 높아진다. 누구랑 거래했느냐도 점수에 영향을 미친다고 알려져 있다.

이런 POI 합의 과정의 특성 때문에 NEM은 사용자들의 거래 사용이 활발해지고, 그로 인하여 화폐의 분배가 잘된다. 많은 사람에게 화폐를 분배시켜 평등한 기회를 주고자 하는 것이 설립자 론 옹(Lon Wong) 등의 개발 취지라고 한다. NEM의 현재 블록 생성 속도는 60초 정도이고, 거래 수수료가 매우 낮아서 모바일 결제나 소액결제에 유용하다.

NEM은 'JAVA'라는 대중적인 프로그래밍 언어로 만들어졌다(C++도 추가 예정). 그래서 블록체인 기술을 도입하고자 하는 기업 등에서 NEM 블록체인을 도입하기가 용이하다. 실례로 일본 히타치(Hitachi)에서는 NEM을 이용해 상업용 프라이빗 블록체인 미진(Mijin)을 만들어 사용하고 있다. 이처럼 NEM은 다양한 기업에 블록체인 서비스를 제공하고자 한다.

13. 스텔라 루멘(Stella lumen, XLM)
—

스텔라 루멘(또는 스텔라)은 리플 창립자였던 제드 매캘럽과 조이스 김(Joyce Kim)이 창립했다. 리플을 하드포크해서 만들어진 암호화폐로, 기존 암호화폐들의 합의 과정을 개선한 새로운 합의 과정인 SCP(Stellar Consensus Protocol: 익명의 사람이 아니라 선택된 사람들로 이루어진 네트워크 합의 방식)를 제시했다. 스텔라는 SCP 방식을 이용하여 리플보다 조금 더 탈중앙화된 방식을 추구했고, 네트워크 지연 속도 문제를 해결했으며, 보안성을 강화할 수 있었다.

리플이 국제은행 간 자금결제에 도움을 준다면, 스텔라는 리플보다 개인 간의 거래를 지원하고자 하는 경향이 있다. 스텔라는 송금과 결제에 강점이 있으며, 특히 소액결제도 용이하여 모바일 친화성이 좋다. 금융 시스템 인프라가 상대적으로 낙후된 아프리카 개발도상국(나이지리아, 케냐, 우간다 등)과 동남아권 국가들(필리핀 등)에 중점적으로 홍보하고, 송금 네트워크 제휴를 맺어나가고 있다.

스텔라 팀은 다양하고 능력 있는 개발자들로 구성되어 있으며, 여러 벤처캐피털 관련자들이 어드바이저로 참여하고 있다. 스텔라는 초기에 1,000억 개가 발행되었고, 리플과 다르게 매년 1%의 인플레이션을 유지하도록 설계되었다.

14. 네오(NEO)
—

네오는 블록체인 솔루션 '온체인(Onchain)'의 최고경영자 다훙페이(Da Hongfei)가 2014년에 개발한 암호화폐다. 창립 당시에는 '앤트셰어(Antshare)'로 시작했으나 2017년 여름 '네오'로 명칭을 변경했다.

네오는 스마트 이코노미(smart economy)를 추구하는 플랫폼 암호화폐다. 스마트 이코노미는 디지털 자산, 디지털 신분(digital Identity: 한국어 백서에서는 '디지털 증명'이라는 이름으로 번역되었으나 여기에서는 독자의 이해를 돕기 위해서 '신분'이라는 단어를 사용함), 스마트 계약으로 구성되어 있다. 네오는 암호화폐이므로 디지털 자산의 역할을 한다. 네오는 또한 PKI(Public Key Infrastructure)에 기반을 둔 디지털 신분이라는 개념을 만들었다. 이런 디지털 신분은 네오를 사용하는 개인 또는 조직에 부여되며, 일종의 전자 신분증이라고 할 수 있다. 네오의 디지털 자산 중 디지털 신분이 등록된 자산은 법적 보호를 받을 수 있다.

　네오의 스마트 계약은 네오 버추얼 머신(NeoVM)을 통해 제공한다. 이더리움이 이더리움 버추얼 머신(EVM)을 통해 제공하는 스마트 계약은 'Solidity'라는 프로그래밍 언어만 지원하는 반면, NeoVM은 C#, Java 등 대중화된 프로그래밍 언어를 제공한다. 이는 좀더 많은 프로그래머의 참여를 유도하여 스마트 계약을 보편화하기 위해서다. 네오의 합의 방식은 DBFT(Delegated Byzantine Fault Tolerance)다. DBFT 방식에는 노드의 투표를 통해 선정된 '북키퍼(Bookkeeper)'가 있으며, 북키퍼 3분의 2 이상의 검증을 거쳐야만 블록이 형성된다. 블록 형성 시간은 15~20초 정도로 매우 빠른 편이다.

　네오에는 NEO와 NeoGas(GAS)라는 두 가지 토큰이 있다. NEO는 1억 개가 생성되었고, GAS는 약 22년에 걸쳐서 최대 1억 개가 생성될 예정이다. GAS는 NEO 네트워크상의 수수료로 쓰인다. NEO의 최소 단위는 1NEO라서 여타 암호화폐와 달리 소수점으로 나누어지지 않는다. 특이한 점은 NEO 사용자들은 직접 노드를 구성하지 않아도 보상(GAS)을 받는다는 점이다. 즉, 지갑에 NEO를 소유하고 있으면 GAS를 지급받을 수 있다. 보상 비율은 해마다 달라지며, 'NeotoGas.com'에서 연간 GAS 보상 예상치를 확인할 수 있다.

네오는 플랫폼 암호화폐이고, 네오를 기반으로 한 디앱이 현재 27개 있다. 네오의 유명한 디앱으로는 레드펄스(Redpulse: 시장 연구나 기업 분석 글 제공 등), 아덱스(Adex, Ad Exchange: 광고 매개 서비스 등)가 있다. 역사에 비해 디앱 개수는 많지 않지만, 더키(TheKey)와 지핀(Zeepin) 등 최근 네오 기반 디앱들의 ICO가 투자자들에게 인기를 끌고 있다.

15. 대시(Dash)★

―

대시는 2014년 1월 '엑스코인(XCoin)'으로 출시되었다. 그러나 출시 후 얼마 되지 않아 다크코인(DarkCoin)으로 명칭을 변경했다가, 최종적으로 '대시'로 바꾸었다. 대시는 '믹싱(Mixing)'이라는 개념을 도입하여 익명성을 보장하고자 했다. 믹싱이란

★ 대시, 모네로, 제트캐시, 코모도 등을 다크코인(Dark Coin)이라 부른다. 다크코인이란 거래의 익명성을 보장하는 암호화폐들을 부르는 말이다. 비트코인을 비롯한 대부분의 암호화폐는 블록체인 탐색기를 통해 거래 내역을 추적할 수 있다. 그래서 거래 내역을 추적하여 해당 암호화폐 지갑 주소의 주인이 누구인지 어느 정도 추측이 가능하다. 하지만 은밀한 거래를 원하는 조직들이나 프라이버시를 원하는 개인들은 거래의 익명성이 완벽하게 보장되기를 원했다. 이들은 거래의 추적이 불가능한 암호화폐를 개발하기 위해 여러 가지 시도를 했고, 그 과정을 통해 익명 암호화폐(다크코인)가 개발되었다.

거래와 관계없는 제3자가 수수료를 받고 수취인과 발신인의 거래를 중개함으로써 익명성을 획득하는 과정이다. 제3자는 여러 발신인으로부터 믹싱을 부탁받은 여러 거래를 한곳에 모아 섞어버린다. 그러고 나서 수취인들에게 암호화폐를 전달한다. 믹싱을 거치더라도 거래 내역의 추적이 아예 불가능한 것은 아니지만, 믹싱 작업을 여러 번 거칠수록 추적하기가 어려워진다.

대시에는 '마스터 노드(master node)'라는 개념이 있다. 사용자가 익명 거래를 원하는 경우에 한해, 마스터 노드가 수수료를 받고 믹싱 작업을 해준다. 마스터 노드가 되려면 1,000대시 이상을 소유하고 있어야 하며, 특수 서버(Virtual Private Server, VPS)를 운영해야 한다. 이 조건을 갖춘 사용자를 대상으로 투표를 거쳐 마스터 노드 자격을 부여한다.

마스터 노드는 믹싱 작업에 대한 대가로 일정 수수료를 받는다. 마스터 노드가 되면 수수료에 의한 수익이 나쁘지 않기에 마스터 노드의 비율이 점점 증가하고 있다. 이렇게 마스터 노드의 수가 증가하면, 마스터 노드들에 의해 1노드당 1,000대시 이상의 유통 물량이 잠기게 되기 때문에 시세 안정화에 도움이 된다. 대시의 최대 발행량은 1,890만 개로 제한되어 있으며, PoW 방식의 ASIC 채굴에 의해 블록체인 네트워크가 구동된다.

16. 모네로(Monero, XMR)

—

모네로는 바이트코인(Bytecoin)을 2014년에 하드포크하여 만들어진 암호화폐다. 하드포크 이후로도 지속적으로 익명성을 강화하기 위해 업데이트를 진행하고 있다. 모네로를 통한 거래는 처음부터 끝까지 익명성이 보장된다. 모네로는 바이트코인에 쓰였던 '크립토노트(CryptoNote)' 라는 프로토콜을 기반으로 만들어졌다. 거래마다 일회용 주소와 암호키를 사용하므로 블록체인상의 공개된 지갑 주소가 있어도 얼마가 어떻게 거래되었는지 찾을 수 없다.

이렇게 거래 참여자 중 수취인의 익명성을 보장하는 것이 '스텔스 주소(stealth address)' 라는 개념이다. 또한 발신인의 익명성을 보장하기 위해서 '링서명(ring signature)' 이라는 개념을 적용했다. 링서명이란 거래를 발생시킨 발신인의 암호키에 다른 사용자들의 암호키를 섞어서 어떤 사람이 거래를 발생시켰는지 모르게 하는 것이다. 이처럼 수취인과 발신인에 대한 익명성뿐만 아니라 거래 금액에 대한 익명성을 보장하면 완전하게 익명성이 보장된다. 모네로는 거래 금액에 대한 익명성을 보장하기 위해 '링CT(Ring Confidential Transaction)' 라는 개념을 도입했다.

모네로는 이렇게 스텔스 주소, 링서명, 링CT를 통해 익명성을 극대화하여 사용자의 사생활을 보호하고자 한다. 모네로의 최대 발행량은 제한이 없으며, GPU 등으로 PoW 채굴할 수 있다.

17. 제트캐시(Zcash, ZEC)

—

제트캐시는 2016년 말 주코 윌콕스(Zooko Wilcox)가 만들었다. 제트캐시는 '영지식 증명(Zero-Knowledge Proof)'이라는 암호학' 적 개념을 채택했다. 이로써 제트캐시는 익명성뿐만 아니라 익명성을 보장하는 주체(마스터 노드 등)에 대한 투명성까지 확보하고자 했다. 영지식 증명이란 이름 그대로 특정한 것에 대해서 아무것도 알고 있지 않아도(Zero-Knowledge), 그것이 무엇인지를 증명할 수 있다는 개념이다.

예를 들어 암막 커튼 뒤에 강아지들이 좋아하는 간식을 놓아두었다고 가정해보자. 우리는 눈으로 직접 확인하기 전에는 암막 커튼 뒤에 강아지들이 좋아하는 간식이 있는지, 아니면 강아지들이 싫어하는 간식이 있는지를 알 수 없다. 암막 커튼 뒤에 있는 것이 강아지가 좋아하는 간식임을 증명하기 위해서는 암막 커튼을 열고 직접 확인해봐야만 할 것이다. 하지만 이렇게 직접 확인하지 않고도 커튼 뒤에 있는 것이 강아지가 좋아하는 간식이라는 것을 증명하려면 어떻게 해야 할까? 이를 유추할 수 있는 간접적인 증거들을 계속해서 수집하면 된다.

예를 들어 간식을 선호하는 강아지 10마리를 키우고 있다고 가정해보자. 이 10마리의 강아지를 차례대로 커튼 뒤로 보낸다. 첫 번째 강아지를 보냈더니, 커튼 뒤에서 강아지가 어쩔 줄 몰라 하면서 좋아하는 반응을 보였다. 두 번째 강아지를 보냈더니, 이 강아지 역시 매우 기뻐하며 간식을 먹는 듯한 소리가 들렸다. 이런 식으로 열 번째 강아지까지 모두 보내봤더니 모든 강아지가 좋아하는 반응을 보였다면, 커튼 뒤에 있는 것은 '강아지가 좋아하는 간식'일 가능성이 매우 높다고 유추할 수 있다. 이런 식으로 간식만 편식하는 강아지 수를 늘려서 계속해서 커튼 뒤로 보내봤을 때 강아지의 반응이 계속해서 긍정적이라면, 커튼 뒤에 강아지가 좋아하는 간식이 있을 가능성이 100%에 수렴하게 된다.

이처럼 간접적으로 증명할 수 있는 여러 가지 정보를 통해서, 직접적인 정보의 유출 없이 특정한 사안을 증명하는 방식을 '영지식 증명'이라고 한다. 이런 영지식 증명을 거래에 이용하면, 누가 얼마를 송금했는지는 몰라도 송금한 사실은 확인할 수 있다. 제트캐시는 이와 같은 방식으로 익명성을 보장한 거래를 제공한다. 제트캐시는 비트코인처럼 최대 발행량이 2,100만 개로 제한되어 있으며, 현재 시중에 유통되는 수량이 약 300만 개로 매우 적은 편이다. 제트캐시는 GPU를 이용한 PoW 채굴 방식을 사용하고 있다.

암호화폐 정보,
어디서 찾을까

1. 유튜브
—

공부하고자 하는 암호화폐에 대해 유튜브에서 검색해본다. 시세 예측에 관한 동영상보다는 암호화폐에 대한 설명 위주로 된 동영상을 보는 게 좋다. 처음으로 암호화폐에 투자하는 경우, 글로 된 설명은 접근하기가 어려울 것이다. 이럴 때 유튜브 동영상들을 활용하면 암호화폐에 대한 정보를 개략적으로 파악하기에 유용하다.

2. 스팀잇
—

스팀잇(steemit.com)에 들어가서 해당 암호화폐에 대한 글을 검색해 읽어본다. 스팀잇은 일종의 블로그 사이트라고 할 수 있는데, 다른 점이 있다면 글에 대한 보상으로 '스팀'이라는 암호화폐를 지급한다는 것이다. 이런 특성상 좋은 글이 많기 때문에 사용자들이 공들여 쉽게 설명해놓은 글을 찾을 수 있을 것이다. '추천(vote)'을 많이 받은 글일수록 대체로 신뢰도가 높다. 그러나 스팀잇에 기록된 내용이 100% 사실(fact)이라고 보기는 어려우니, 맹신하는 것보다는 참고 정도만 할 것을 추천한다.

3. 공식 홈페이지
—

해당 암호화폐의 공식 홈페이지를 방문하여 암호화폐를 소개하는 글들을 읽어보고, 개발진의 이력과 백서를 찾아 읽어본다. 제시한 로드맵이 있다면, 세부 내용을 관심 있게 확인한다. 유명 암호화폐들은 주간 또는 월간 보고서를 자체적으로 발행한다(블로그 방식). 이를 참조하는 것도 도움이 된다. 또한 플랫폼 암호화폐의 경우 해당 암호화폐를 활용하는 디앱의 개수 변화를 유심히 살펴보아야 한다.

4. 깃허브

—

해당 암호화폐의 깃허브(Github)를 찾아서 현재 개발되고 있는 프로젝트를 살펴본다. 깃허브에서는 해당 암호화폐에서 어떤 프로젝트를 진행하고 있는지, 어떤 개발자들이 코드(code)를 얼마나 작성하고 있는지 등을 확인할 수 있다. 깃허브를 통해 프로젝트의 진행 상황을 가늠해볼 수 있다.

5. 해외 투자자 반응

—

암호화폐는 전 세계의 투자자들이 참여하는 시장이기 때문에 국내 투자자들만 아니라 해외 투자자들의 반응도 지켜봐야 한다. 해외 투자자들의 반응이 궁금하다면 비트코인톡(Bitcointalk)이나 레딧(Reddit)을, 해외 언론들의 반응이 궁금하면 비트코인뉴스(Bitcoin News)나 코인데스크(CoinDesk) 등을 참고할 수 있다.

6. 코인마켓캡

—

암호화폐의 실시간 해외 시세 및 시가총액별 순위를 빠르게 파악하기 위해서는 코인마켓캡(coinmarketcap.com)을 활용하면 좋다. 꼭 순위가 높을수록 좋은 코인이라고 할 수는 없지만, 적어도 해당 코인이 어느 정도의 인지도와 범용성을 지니고 있으며 얼마나 많은 투자자가 참여하고 있는지를 대략 파악할 수 있다. 또한 코인마켓캡에서는 각 암호화폐의 공식 홈페이지 링크와 깃허브 링크, 트위터 등을 쉽게 접할 수 있다.

원고 초안을 마무리한 2018년 1월 이후 출간을 눈앞에 둔 현재에 이르기까지 거의 두 달가량의 시간이 지났다. 이 두 달 동안 암호화폐 시장에서는 급격한 시세 변동을 포함하여 많은 일이 일어났다.

우리 두 저자가 투자한 퀀텀은 약 12만 원까지 급등했다가, 처음 투자했던 가격에 근접한 1만 9,000원까지 폭락하기도 했다. 많은 투자자가 절망에 빠졌고, 상승장 속에서 장밋빛 전망만을 보고 들어온 투자자 대부분이 시장을 떠났다. 비관론자들은 이때다 하고 "이제 암호화폐는 끝났다!"라고 외치고 있다. 그러나 이번 폭락은 암호화폐 자체에 문제가 있어서 발생한 것이 아니다. 강화되는 각국의 규제와 매일같이 쏟아지는 부정적인 뉴스로 불확실성과 공포가 팽배해졌기 때문이다.

시세의 변화와 상관없이 우리는 암호화폐 투자를 계속하고 있다. 암호화폐의 미래 가치를 믿기 때문이다. 이 책의 제목과 같이, 우리는 마치 적금을 든 것처럼 암호화폐의 보유량을 꾸준히 늘려나가고 있다. 현재 시장은 일종의 '바겐 세일 기간' 이라고 볼 수 있다. 우리 두 저자는 바겐 세일의 이점을 최대한 활용하여 더 많이 사 모으고, 좋은 암호화폐를 발굴하는 데 집중하고 있다.

퀀텀은 꾸준히 채굴을 진행하면서 보유량을 늘려나가고 있고, 메디는 가격이 떨어지면 보유량을 더 늘리기 위해 틈틈이 기회를 노리고 있으며, 새롭게 진행되는 ICO들의 백서를 매일같이 분석하면서 관심을 가지고 지켜보고 있다. 또한 개발자 측이 추최하는 밋업 등의 행사에 참가하면서, 조금이라도 더 많은 정보를 얻기 위해 바쁘게 돌아다니고 있다. 메디블록에 투자하던 때처럼, 정말 좋은 프로젝트라 판단되면 망설이지 않고 ICO에 참가할 계획이다. 암호화폐의 가치가 정점에 오를 때까지는 이러한 과정이 계속될 것이다.

우리는 가치투자자다. 우리가 생각하는 암호화폐의 가치를 공유하고, 일부 투자 경험을 공유함으로써 암호화폐 투자자들에게 조금이나마 도움이 되었으면 하는 바람으로 이렇게 책을 쓰게 됐다. 암호화폐 시장에서 "실수로 엉뚱한 코인을 사버렸

나요? 그래도 괜찮습니다. 어차피 오르니까요!"라는 말이 통하던 날은 지나갔다. 이제는 수많은 코인 중에서 '제대로 된 코인'을 골라내야 하는 시대가 되었다. 제대로 된 코인을 골라냈다고 하더라도 엄청난 불확실성과 공포를 이겨내야만 결실을 얻을 수 있는 시대로 들어선 것이다.

질 좋은 곡식을 수확하기 위해서는 좋은 땅을 골라 좋은 씨앗을 뿌리고, 비바람을 견뎌내야 한다. 암호화폐도 그렇게 투자해야 하는, 즉 가치투자를 해야 하는 단계로 접어든 것이다. 이 책을 선택해준 독자 여러분도 암호화폐의 옥석 가리기에 힘써서 좋은 결실을 맺을 수 있기를 기원한다. 그리고 암호화폐에 뿌린 우리의 씨앗이 풍성한 수확의 기쁨을 안겨주기를 바란다.

2018년 3월
김산하 · 윤혁민

돈을 불리는 최고의 투자법

나는 적금보다 암호화폐 투자한다

제1판 1쇄 인쇄 | 2018년 3월 5일
제1판 1쇄 발행 | 2018년 3월 12일

지은이 | 김산하 · 윤혁민
펴낸이 | 한경준
펴낸곳 | 한국경제신문 한경BP
편집주간 | 전준석
외주편집 | 공순례
기획 | 유능한
저작권 | 백상아
홍보 | 남영란 · 조아라
마케팅 | 배한일 · 김규형
디자인 | 김홍신

주소 | 서울특별시 중구 청파로 463
기획출판팀 | 02-3604-553~6
영업마케팅팀 | 02-3604-595, 583 FAX | 02-3604-599
H | http://bp.hankyung.com   E | bp@hankyung.com
T | @hankbp   F | www.facebook.com/hankyungbp
등록 | 제 2-315(1967. 5. 15)

ISBN   978-89-475-4318-7   03320